隠された本質もわかる
人間のトリセツ

JN097538

動物
キャラナビ
決定版

個性心理學研究所 所長
弦本將裕

日本文芸社

はじめに

　早いもので、私が 1997 年 4 月に個性心理學研究所を立ち上げてから 25 年。人の個性と本質を探る「動物キャラナビ」は、これまで世界中で愛されてきました。

　動物キャラナビは、誕生日をもとに人の「個性」を分析する心理学です。この世に生まれた瞬間の「太陽と月の位置」が性格に大きな影響を与えると考える「バースデー・サイエンス」で、「世界最大の統計学」とも言われる四柱推命をベースにしています。

　四柱推命は一千年以上をかけて一億人以上のデータを分析してきた学問で、日本では知らない人がいないくらいに浸透しています。しかし、その内容は難解で、理解するには相当の時間と気力を必要とするものでした。

　そこで私はこの素晴らしい四柱推命をなんとかわかりやすく楽しめるものにしたいと思い、**世界で初めて人間の個性を 12 匹の動物キャラクターに当てはめて、誰にでも親しまれる四柱推命として発表**しました。四柱推命のベースの理論や分類は活かしながらも、現代人にしっくりくるよう、プログラムやシステムを一から再構築し、さらに宿曜経や心理学の要素も取り入れることで、**あらゆる人が楽しめる「個性心理學」という、全く新しい四柱推命理論**を立ち上げたのです。

　「現代版四柱推命・動物バージョン」とも言える動物キャラナビは、個性心理學理論を軸とした、いわば「実践心理学」。相手の本質を知ることで、心に響く一言や求めるものを把握し、良好な関係を築くことができます。

　1997 年 4 月に個性心理學研究所を立ち上げると、1999 年に『個性心理學』（角川書店・同朋社刊）が初めての個性心理學の書籍として出版され、いきなりベストセラーとなりました。翌 2000 年には 11 冊も個性心理學関連の書籍を次々と出版して、いずれもベストセラーに名を連ね、今日に至っております。

　その後、個性心理學を学びたいという多くの方々のご要望にお応えするため、個性心理學研究所で認定講師・認定カウンセラーの資格制度を確立し、今ではアドバイザーを含め 15,000 名の資格者を有するまでになりました。全国各地で講師やカウンセラーの方々が活躍されており、セミナー・講演会・

講座・カウンセリング活動を続けています。

　認定講師の方の職業は幅広く、会社経営者、病院経営者、教育関係者、ブライダル関係者、飲食店経営者と多岐に渡っており、中には大学教授や国会議員の先生方もいらっしゃいます。これは、**「人」が介在するあらゆる分野で個性心理學が活用されているということ**の証なのでしょう。

　この勢いは日本だけにとどまらず、出版・コンテンツの提供・講演会・講座の開催などを通じて動物キャラナビは世界14ヶ国・地域で親しまれています。海外では「CHARANAVI」（英語圏）、「Animalogie」（フランス）、「动物个性心理学」（中国）、「개성심리학」（韓国）、「動物小仙」（台湾）など、各国に馴染みやすい言葉で翻訳本も数多く出版されています。

　私が個性心理學研究所を設立した時に熱く抱いていたのは**「ストレスのない社会づくりに貢献する」**という思いでした。ストレス社会と言われるようになって久しい今日、ストレスの原因を調べたらなんと90％以上が人間関係であることがわかったのです。風水上も、開運の極意は「良好な人間関係」と定義されています。以来私は、「人間関係を改善するためのコミュニケーションツール」として、個性心理學および、動物キャラナビを進化させ続けてきました。

　個性心理學を通して自分と相手の本質を知ることは、お互いの「個性」を認め、摩擦をなくし、心の距離をぐっと近づけることにつながります。

　個性心理學は誕生以来、驚くほど多くの企業や団体、学校、教育機関、病院、歯科医院などで導入されています。契約、採用、離職者の回避、顧客満足度アップなど、あらゆる営業戦略や人事戦略において、この学問が活用されているのです。

　ぜひ本書で、あなたの周囲の方々との人間関係を改善して、ストレスフリーな人生を手に入れてください。自分と相手の個性と本質がわかれば、きっと道が開けてきますよ。みなさんに幸あれ！

個性心理學研究所
所長　弦本將裕

目次

Chapter 1

動物キャラ完全診断

Chapter 2

「人間関係の3分類」で
ストレスフリーな人付き合いを叶える

〈3分類の攻略法〉

Chapter 3
これからの新しい時代を倖せに生きるために

Column

「動物キャラナビ」とは、
「占い」ではなく「個性心理學」

　「動物キャラナビ」は、個性心理學研究所が提供するコンテンツの総称。これは「動物＋キャラクター＋ナビゲーション」の造語で、**12匹の動物キャラクターがみなさまをストレスフリーな世界に導く（ナビゲートする）**という意味を持っています。

　これまで、人間は人種や国籍、性別などで分類されるばかりでした。この学問は、そんななかで人間を「個性別」に分類した、全く新しい人間分類学なのです。

　個性心理學では、自分や相手の個性をイメージしやすいよう、イメージ心理学、行動心理学の手法を取り入れ、人間の個性を12匹の動物に当てはめています。動物は、「狼・こじか・猿・チータ・黒ひょう・ライオン・虎・たぬき・子守熊・ゾウ・ひつじ・ペガサス」。この12動物はそれぞれ、人の一生になぞらえてエネルギーの量と質を表す、四柱推命の十二運星「胎・養・長生・沐浴・冠帯・建禄・帝旺・衰・病・死・墓・絶」に該当するものです。十二運星では「病」「死」などマイナスのイメージを連想させるため、動物に置き換えているのです。

　12の動物たちは、狼からペガサスまで「循環する環」になって並んでいます（右ページ参照）。これは**胎児として生を受け、生まれ、やがて人生の最盛期を迎え、そして一生を終えて魂となって空に還るという、人間の一生のエネルギーサイクルにリンク**するもの。「盛衰を繰り返して循環する宇宙のエネルギー」に呼応するこのサークルには、不変のものは何一つないというメッセージが込められているのです。

　狼という胎児から始まり、赤ちゃんのこじかになり、成長し、虎で人生の最盛期を迎え、やがて魂であるペガサスとなって空に帰る。人の一生に例えると、動物キャラの性質がよくわかるでしょう。

12の動物キャラの基本サークル

下記の図のように、動物キャラナビは、生まれて元気に活動し、やがて命を全うし天に帰るという、人間の一生のエネルギーサイクルを各キャラクターに当てはめています。これは「盛衰を繰り返し、循環する宇宙エネルギー」に呼応するものです。

胎児
お母さんのお腹の中で誕生を待っている

赤ちゃん
生まれたばかりで愛情たっぷりに育てられている

小学3年生
日々元気に遊びまわっている

高校3年生
恋愛や勉強など、毎日活発にエンジョイしている

魂
肉体は土に返って魂だけになった状態

二十歳
大人だけれど、精神的に幼さが残る

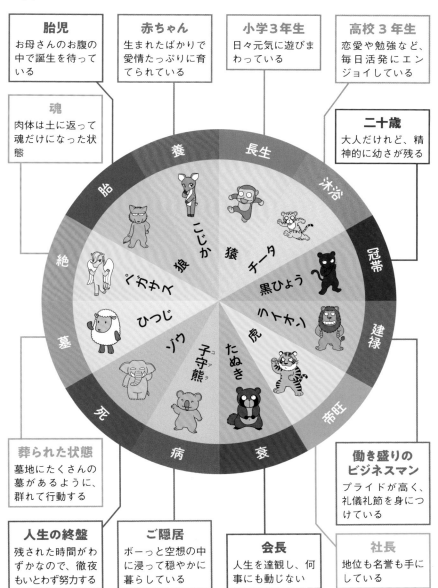

葬られた状態
墓地にたくさんの墓があるように、群れて行動する

働き盛りのビジネスマン
プライドが高く、礼儀礼節を身につけている

人生の終盤
残された時間がわずかなので、徹夜もいとわず努力する

ご隠居
ボーっと空想の中に浸って穏やかに暮らしている

会長
人生を達観し、何事にも動じない

社長
地位も名誉も手にしている

動物キャラナビで
心の合鍵を手に入れよう

　「あの人とはどうも相性が合わない」「どうしてイライラするのだろう」——。こんなふうに、会社や学校、友人グループなどあらゆるコミュニティの中で、誰もが一度は人間関係で悩んだことがあると思います。

　ストレス社会と言われる現代ですが、そのストレスの原因は多くの場合、「人間関係」。相手をなんとか受け入れようと気持ちを押し殺し、無理に合わせたり、あるいはうまくやれない自分を責めて自己嫌悪に陥ったり……なかなか思い通りにいかない人間関係の中で、辛い思いをしてきた人はきっと少なくないはずです。

　そういった生きづらさから抜け出し、ストレスのない世界で生きるためにはどうすればいいのでしょうか。

　大切なのは、何を置いてもまず自分自身を理解すること。すべてはそこから始まります。**相手を理解するために我慢するのではなくて、まずは自分の本質を理解し、自分を受け入れることが重要**なのです。相手を知るのはそのあとで OK。こうして自分と相手を少しずつ理解していくことで、人間関係によるストレスはみるみる減っていきます。

　そのためのとっておきの手段となるのが「動物キャラナビ」です。自分には 4 つの側面があることを知っていますか？　実はあなたの中には、「あなただけが知っている自分」「あなたも他人も知っている自分」「他人だけが知っている自分」「誰も知らない自分」の 4 つの自分がいるのです。このうちあなたが知っている自分はわずかに 2 つだけ。多くの人は他人のことばかりか、自分のことすらよくわかっていないのです。

動物キャラナビを活用することで、実はよく理解できていなかった自分を、深く知ることができます。この学問は、個性を知るための心の科学です。キャラナビを通じて自分の本質を知ることができれば、「なんで自分は……」「私ってどうして……」と思わずため息をつきたくなるような事態も客観的に把握することができ、自分を受け入れることができます。それがストレスや不安の芽を摘みとってくれることでしょう。

　そして動物キャラナビでは、人と対峙するときに大きな効果をもたらす「心の合鍵」を手に入れることができます。
　これまで対人関係がうまくいかず、生きづらさを感じていた人は、「とにかくこの人のことを理解しなければ」と、合鍵を持っていない手でその心を無理やりこじ開けようとしていたのかもしれません。でもそれでは、相手の心の扉は開きません。イソップ物語の『北風と太陽』と同じく、力ずくでは人は動いてくれないのです。
　目の前にいる人はどんなことで喜ぶのか、イラっとするのか。そんな相手の傾向を知ることはつまり、その人の心の合鍵を手に入れるということ。相手の心を開けることができれば、対人面での摩擦は目に見えて減り、格段に心地よい人間関係を築くことができるでしょう。それこそが、ストレスのない、笑いと倖せがあふれる毎日へのパスポートとなるのです。

　自分を知り、相手を知る。楽しい人生のためには、これが一番大切なことです。動物キャラナビがあなたにプレゼントする「心の合鍵」を使って、周囲の方々との人間関係を大いに改善させてください。

本書の使い方

Chapter1〜3までのそれぞれの特徴と読み方を説明します。
ポイントをおさえることで、より本書を有効に活用することができます。

Chapter 1 動物キャラ完全診断

① 12動物キャラ名

12種類の動物のキャラクターの名前。自分や相手の該当する動物は p.14 〜 19を参照。

② キーワード

動物キャラそれぞれの気質を示すキーワード。基本的な特徴がわかる。

③ 3分類のアイコン

Chapter 2で解説する MOON・EARTH・SUN の3分類のどれに属すのかがわかる。

④ 基本性格

②のキーワードをより具体的に説明。

⑤ ラッキーアイテム・このキャラクターの攻略法

運気が上がるアイテムと、このキャラクターとの上手な付き合い方を解説。

⑥ ジャンルごとに心理や行動を分析

仕事・健康・恋愛・結婚・子育て・お金・倖せの鍵・ウィークポイントを解説。「倖せの鍵」では、もっと心地よく生きるための心得を教えます。

⑦ もっと詳しい4つと6つのタイプ

12キャラを4または6タイプに細分化し、性格や特徴を分析。該当キャラは p.18 〜 19を参照。

Chapter 2 「人間関係の3分類」でストレスフリーな人付き合いを叶える

3分類の行動パターン／
3分類の攻略法

12キャラをもとに、個性別にグループ分けしたMOON・EARTH・SUNの3分類ごとに、あらゆるシチュエーションでの心理や行動を分析。「行動パターン」ではタイプ別にありがちな行動を、「攻略法」では各タイプへの効果的な接し方を学ぶ。

Chapter 3 これからの新しい時代を倖せに生きるために

① ②

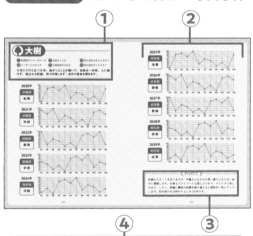

④ ③

① トキのリズム

各運気リズム（全10種類）に該当する動物キャラと特徴を紹介。

② 運気の流れ

2021～2030年の10年間の運気の流れをグラフにしたもの。運気リズムを知ることで、未来の計画が立てやすくなる。

③ POINT

2021～2030年の運気の流れの概要を解説。どのような10年間になるのかポイントをおさえる。

④ 動物たちの
これからの生き方

60種類の動物キャラごとに、これからの生き方をアドバイス。夢を叶え、幸運を手にするために大切なことがわかる。

動物キャラをチェックしよう!

それでは早速、右ページの換算表であなたやあの人の動物キャラクターを調べてみましょう。生年月日から、下記の手順で簡単に調べることができます。

STEP 1 **生まれた年と月が交わるところの数字をチェック**

縦軸から生まれた年を、横軸から生まれた月を探してください。そして、年と月が交差した数字を確認しましょう。

例）1957年4月29日生まれ ⇒ 39

STEP 2 **生まれた日と「STEP1」で求めた数を足す**

例）29（生まれた日）＋39（STEP1の番号）＝ 68

合計数が60以下の場合、「STEP4」へ。

STEP 3 **合計数が60を超える場合は、合計数から60を引く**

例）68－60 ＝ 8

STEP 4 **60分類キャラクター対応表** (p.18~19) **で番号を調べる**

例）「8」⇒「磨き上げられたたぬき」（たぬき）

この「8」があなたのキャラクター番号になります。この60分類キャラクターは生涯変わることはありませんので、覚えておくといいでしょう。ただし、四柱推命では23時以降は翌日とみなしますので、生まれた時間が23時以降の場合は、誕生日の翌日でキャラクターを調べてください。また、運気リズムおよびMOON・EARTH・SUNの3分類のタイプもこの表から調べることができます。

動物キャラナビ60分類キャラクター換算表

西暦	1月	2月	3月	4月	5月	6月	7月	8月	9月	10月	11月	12月
1926年	26	57	25	56	26	57	27	58	29	59	30	0
1927年	31	2	30	1	31	2	32	3	34	4	35	5
1928年※	36	7	36	7	37	8	38	9	40	10	41	11
1929年	42	13	41	12	42	13	43	14	45	15	46	16
1930年	47	18	46	17	47	18	48	19	50	20	51	21
1931年	52	23	51	22	52	23	53	24	55	25	56	26
1932年※	57	28	57	28	58	29	59	30	1	31	2	32
1933年	3	34	2	33	3	34	4	35	6	36	7	37
1934年	8	39	7	38	8	39	9	40	11	41	12	42
1935年	13	44	12	43	13	44	14	45	16	46	17	47
1936年※	18	49	18	49	19	50	20	51	22	52	23	53
1937年	24	55	23	54	24	55	25	56	27	57	28	58
1938年	29	0	28	59	29	0	30	1	32	2	33	3
1939年	34	5	33	4	34	5	35	6	37	7	38	8
1940年※	39	10	39	10	40	11	41	12	43	13	44	14
1941年	45	16	44	15	45	16	46	17	48	18	49	19
1942年	50	21	49	20	50	21	51	22	53	23	54	24
1943年	55	26	54	25	55	26	56	27	58	28	59	29
1944年※	0	31	0	31	1	32	2	33	4	34	5	35
1945年	6	37	5	36	6	37	7	38	9	39	10	40
1946年	11	42	10	41	11	42	12	43	14	44	15	45
1947年	16	47	15	46	16	47	17	48	19	49	20	50
1948年※	21	52	21	52	22	53	23	54	25	55	26	56
1949年	27	58	26	57	27	58	28	59	30	0	31	1
1950年	32	3	31	2	32	3	33	4	35	5	36	6
1951年	37	8	36	7	37	8	38	9	40	10	41	11
1952年※	42	13	42	13	43	14	44	15	46	16	47	17
1953年	48	19	47	18	48	19	49	20	51	21	52	22
1954年	53	24	52	23	53	24	54	25	56	26	57	27
1955年	58	29	57	28	58	29	59	30	1	31	2	32
1956年※	3	34	3	34	4	35	5	36	7	37	8	38
1957年	9	40	8	39	9	40	10	41	12	42	13	43
1958年	14	45	13	44	14	45	15	46	17	47	18	48

※はうるう年のため2月29日まである

西暦	1月	2月	3月	4月	5月	6月	7月	8月	9月	10月	11月	12月
1959年	19	50	18	49	19	50	20	51	22	52	23	53
1960年※	24	55	24	55	25	56	26	57	28	58	29	59
1961年	30	1	29	0	30	1	31	2	33	3	34	4
1962年	35	6	34	5	35	6	36	7	38	8	39	9
1963年	40	11	39	10	40	11	41	12	43	13	44	14
1964年※	45	16	45	16	46	17	47	18	49	19	50	20
1965年	51	22	50	21	51	22	52	23	54	24	55	25
1966年	56	27	55	26	56	27	57	28	59	29	0	30
1967年	1	32	0	31	1	32	2	33	4	34	5	35
1968年※	6	37	6	37	7	38	8	39	10	40	11	41
1969年	12	43	11	42	12	43	13	44	15	45	16	46
1970年	17	48	16	47	17	48	18	49	20	50	21	51
1971年	22	53	21	52	22	53	23	54	25	55	26	56
1972年※	27	58	27	58	28	59	29	0	31	1	32	2
1973年	33	4	32	3	33	4	34	5	36	6	37	7
1974年	38	9	37	8	38	9	39	10	41	11	42	12
1975年	43	14	42	13	43	14	44	15	46	16	47	17
1976年※	48	19	48	19	49	20	50	21	52	22	53	23
1977年	54	25	53	24	54	25	55	26	57	27	58	28
1978年	59	30	58	29	59	30	0	31	2	32	3	33
1979年	4	35	3	34	4	35	5	36	7	37	8	38
1980年※	9	40	9	40	10	41	11	42	13	43	14	44
1981年	15	46	14	45	15	46	16	47	18	48	19	49
1982年	20	51	19	50	20	51	21	52	23	53	24	54
1983年	25	56	24	55	25	56	26	57	28	58	29	59
1984年※	30	1	30	1	31	2	32	3	34	4	35	5
1985年	36	7	35	6	36	7	37	8	39	9	40	10
1986年	41	12	40	11	41	12	42	13	44	14	45	15
1987年	46	17	45	16	46	17	47	18	49	19	50	20
1988年※	51	22	51	22	52	23	53	24	55	25	56	26
1989年	57	28	56	27	57	28	58	29	0	30	1	31
1990年	2	33	1	32	2	33	3	34	5	35	6	36
1991年	7	38	6	37	7	38	8	39	10	40	11	41
1992年※	12	43	12	43	13	44	14	45	16	46	17	47
1993年	18	49	17	48	18	49	19	50	21	51	22	52
1994年	23	54	22	53	23	54	24	55	26	56	27	57

西暦	1月	2月	3月	4月	5月	6月	7月	8月	9月	10月	11月	12月
1995年	28	59	27	58	28	59	29	0	31	1	32	2
1996年※	33	4	33	4	34	5	35	6	37	7	38	8
1997年	39	10	38	9	39	10	40	11	42	12	43	13
1998年	44	15	43	14	44	15	45	16	47	17	48	18
1999年	49	20	48	19	49	20	50	21	52	22	53	23
2000年※	54	25	54	25	55	26	56	27	58	28	59	29
2001年	0	31	59	30	0	31	1	32	3	33	4	34
2002年	5	36	4	35	5	36	6	37	8	38	9	39
2003年	10	41	9	40	10	41	11	42	13	43	14	44
2004年※	15	46	15	46	16	47	17	48	19	49	20	50
2005年	21	52	20	51	21	52	22	53	24	54	25	55
2006年	26	57	25	56	26	57	27	58	29	59	30	0
2007年	31	2	30	1	31	2	32	3	34	4	35	5
2008年※	36	7	36	7	37	8	38	9	40	10	41	11
2009年	42	13	41	12	42	13	43	14	45	15	46	16
2010年	47	18	46	17	47	18	48	19	50	20	51	21
2011年	52	23	51	22	52	23	53	24	55	25	56	26
2012年※	57	28	57	28	58	29	59	30	1	31	2	32
2013年	3	34	2	33	3	34	4	35	6	36	7	37
2014年	8	39	7	38	8	39	9	40	11	41	12	42
2015年	13	44	12	43	13	44	14	45	16	46	17	47
2016年※	18	49	18	49	19	50	20	51	22	52	23	53
2017年	24	55	23	54	24	55	25	56	27	57	28	58
2018年	29	0	28	59	29	0	30	1	32	2	33	3
2019年	34	5	33	4	34	5	35	6	37	7	38	8
2020年※	39	10	39	10	40	11	41	12	43	13	44	14
2021年	45	16	44	15	45	16	46	17	48	18	49	19
2022年	50	21	49	20	50	21	51	22	53	23	54	24
2023年	55	26	54	25	55	26	56	27	58	28	59	29
2024年※	0	31	0	31	1	32	2	33	4	34	5	35
2025年	6	37	5	36	6	37	7	38	9	39	10	40
2026年	11	42	10	41	11	42	12	43	14	44	15	45
2027年	16	47	15	46	16	47	17	48	19	49	20	50
2028年※	21	52	21	52	22	53	23	54	25	55	26	56
2029年	27	58	26	57	27	58	28	59	30	0	31	1
2030年	32	3	31	2	32	3	33	4	35	5	36	6

※はうるう年のため 2 月 29 日まである

動物キャラナビ60分類キャラクター対応表

番号	キャラクター		リズム	3分類	ページ
1	チータ	長距離ランナーのチータ	大樹	☀	46/52/184
2	たぬき	社交家のたぬき	草花	🌙	78/84/188
3	猿	落ち着きのない猿	太陽	🌍	38/44/192
4	子守熊	フットワークの軽い子守熊	灯火	🌍	86/92/196
5	黒ひょう	面倒見のいい黒ひょう	山岳	●	54/60/200
6	虎	愛情あふれる虎	大地	🌍	70/76/204
7	チータ	全力疾走するチータ	鉱脈	☀	46/52/208
8	たぬき	磨き上げられたたぬき	宝石	🌙	78/84/212
9	猿	大きな志をもった猿	海洋	🌍	38/44/216
10	子守熊	母性豊かな子守熊	雨露	🌍	86/92/220
11	こじか	正直なこじか	大樹	🌙	30/36/184
12	ゾウ	人気者のゾウ	草花	☀	94/100/188
13	狼	ネアカの狼	太陽	🌍	22/28/192
14	ひつじ	協調性のないひつじ	灯火	●	102/108/196
15	猿	どっしりとした猿	山岳	🌍	38/44/200
16	子守熊	コアラのなかの子守熊	大地	🌍	86/92/204
17	こじか	強い意志をもったこじか	鉱脈	🌙	30/36/208
18	ゾウ	デリケートなゾウ	宝石	☀	94/100/212
19	狼	放浪の狼	海洋	🌍	22/28/216
20	ひつじ	物静かなひつじ	雨露	●	102/108/220
21	ペガサス	落ち着きのあるペガサス	大樹	☀	110/116/184
22	ペガサス	強靭な翼をもつペガサス	草花	☀	110/116/188
23	ひつじ	無邪気なひつじ	太陽	●	102/108/192
24	狼	クリエイティブな狼	灯火	🌍	22/28/196
25	狼	穏やかな狼	山岳	🌍	22/29/200
26	ひつじ	粘り強いひつじ	大地	●	102/109/204
27	ペガサス	波乱に満ちたペガサス	鉱脈	☀	110/117/208
28	ペガサス	優雅なペガサス	宝石	☀	110/117/212
29	ひつじ	チャレンジ精神の旺盛なひつじ	海洋	●	102/109/216
30	狼	順応性のある狼	雨露	🌍	22/29/220

番号	キャラクター		リズム	3分類	ページ
31	ゾウ	リーダーとなるゾウ	大樹	☀	94/101/185
32	こじか	しっかり者のこじか	草花	🌙	30/37/189
33	子守熊（コアラ）	活動的な子守熊（コアラ）	太陽	🌍	86/93/193
34	猿	気分屋の猿	灯火	🌍	38/45/197
35	ひつじ	頼られると嬉しいひつじ	山岳	●	102/109/201
36	狼	好感のもたれる狼	大地	🌍	22/29/205
37	ゾウ	まっしぐらに突き進むゾウ	鉱脈	☀	94/101/209
38	こじか	華やかなこじか	宝石	🌙	30/37/213
39	子守熊（コアラ）	夢とロマンの子守熊（コアラ）	海洋	🌍	86/93/217
40	猿	尽くす猿	雨露	🌍	38/45/221
41	たぬき	大器晩成のたぬき	大樹	🌙	78/85/185
42	チータ	足腰の強いチータ	草花	☀	46/53/189
43	虎	動きまわる虎	太陽	🌍	70/76/193
44	黒ひょう	情熱的な黒ひょう	灯火	●	54/60/197
45	子守熊（コアラ）	サービス精神旺盛な子守熊（コアラ）	山岳	🌍	86/93/201
46	猿	守りの猿	大地	🌍	38/45/205
47	たぬき	人間味あふれるたぬき	鉱脈	🌙	78/85/209
48	チータ	品格のあるチータ	宝石	☀	46/53/213
49	虎	ゆったりとした悠然の虎	海洋	🌍	70/76/217
50	黒ひょう	落ち込みの激しい黒ひょう	雨露	●	54/60/221
51	ライオン	我が道を行くライオン	大樹	☀	62/68/185
52	ライオン	統率力のあるライオン	草花	☀	62/68/189
53	黒ひょう	感情豊かな黒ひょう	太陽	●	54/61/193
54	虎	楽天的な虎	灯火	🌍	70/77/197
55	虎	パワフルな虎	山岳	🌍	70/77/201
56	黒ひょう	気どらない黒ひょう	大地	●	54/61/205
57	ライオン	感情的なライオン	鉱脈	☀	62/69/209
58	ライオン	傷つきやすいライオン	宝石	☀	62/69/213
59	黒ひょう	束縛を嫌う黒ひょう	海洋	●	54/61/217
60	虎	慈悲深い虎	雨露	🌍	70/77/221

君はハイブリッドか !?

　個性心理學では、旧暦をベースに理論構築しています。そうすると、生まれた時間が23時以降の方は、「翌日生まれ」とみなされ、動物キャラクターも正式には誕生日の翌日で割り出したキャラが正しいということになるのです。

　私のキャラは8番「磨き上げられたたぬき」ですが、もし私が夜の11時過ぎに生まれていたとしたら、9番「大きな志を持った猿」になってしまうということです。もう、全く違うキャラに変わってしまいます。

　実際に23時以降に生まれた多くの方々を検証してみると、「翌日のキャラのほうが納得できる」とか「前日のキャラの方がしっくりくる」とか、その反応はまちまちですが、「どちらのキャラも当たっている！」と言われる方も非常に多くいます。

　そこで私は、23時〜24時に生まれた方のキャラを「ハイブリッド型」と呼ぶことにしました。これは、どの本にも四柱推命の理論にもない、個性心理學オリジナルの、全く新しい理論です。

　個性心理學研究所にある個性診断プログラムでは、生まれた時間が23時以降の方の場合、自動的に翌日のキャラクターとして算出されますが、書籍の早見表ではそうはいきません。**夜中に生まれた方、特に23時〜24時に生まれた方は、2つのキャラクターが掛け合わさったハイブリッド型**ですので、ぜひ翌日のキャラも調べてみてください。

　この理論を打ち立てたことにより、個性心理學のカウンセリングの幅はますます大きく広がりました。皆さんも、周りにいるハイブリッドキャラの方を探してみてはいかがですか？

Chapter 1

動物キャラ完全診断

おなじみの 12 キャラと、さらに細かく分類した計 60 種類のキャラで、その人の個性と本質を徹底解説！　基本性格は？　恋愛や仕事の傾向は？　そして倖せになるための鍵は？　自分と相手をじっくり理解し、心地良い人間関係に役立てましょう。

狼  Wolf

他人の評価など、どこ吹く風。
我が道を突き進む孤高の人

KEY WORDS

- ひとりになれる時間と空間が欠かせない
- 他人からの評価より自分の流儀が大事
- 自己流の方法でナンバーワンを目指す
- 個性的な自分が好き
- 干渉され、ペースを乱されるのは苦手
- 基本的なスタンスは「放っておいて欲しい」

- 初対面はとっつきにくい印象だが、実は素朴（そぼく）
- 後輩に親切で信頼感抜群
- 「変わってるね」と言われるのが勲章（くんしょう）
- 冷静で合理的、何においても無駄を嫌う
- 時系列で記憶するのが得意
- メモ魔で、すぐにメモをとる

狼

基本性格

　「一匹狼」という言葉の通り、他人との馴れ合いを嫌う孤高の存在。周囲からの評価や組織での立ち位置などはものともせず、自分の信じる道を突き進みます。その意味では、多少融通が利かないところはありますが、**自分だけの価値観を大事にする、非凡さと自信を兼ね備えた人**と言えるでしょう。

　唯一無二の存在でいたいという強い思いがあるので、人と同じことをするのは嫌い。「変人」などと言われるととても喜びます。ひとりの時間が何よりも大事で、何事もマイペースに進めたいタイプ。団体で行動したり、**干渉されたりするのは大の苦手で、自分のペースを乱されるとストレスを溜めてしまいます**。そのため他人にはあまり興味がなく、適度な距離感のある付き合いが好み。そんな性質ゆえに少々言葉が足りず相手に誤解されることもありますが、特に気にしないメンタルを持っています。

　あらゆることにじっくり計画的に取り組む性質なので、臨機応変な対応は不得意。一度決めた目標は何が何でも達成したいという頑固な一面を持っており、獲物（えもの）を仕留めるまで、コツコツと堅実に努力します。

ラッキーアイテム

- ●時計　●体温計　●体重計
- ●万歩計　●傘　●地図
- ●エコバッグ　●リボン
- ●ポイントカード　●爪切り

このキャラクターの攻略法

狼は自分のプライバシーをとても大切にするので、たとえ親しい間柄でもプライベートなことに立ち入るのは禁物。価値観を押し付けるのも NG。長い話も嫌がられてしまいますので、電話よりもショートメールや LINE で用件だけ伝えるのがベター。

仕事

期日までに確実に仕上げる
真面目さで信頼感抜群

　社会に貢献したいという信念と、現実的な判断力を持ち合わせた合理主義者。与えられた仕事は高い計画性を持って淡々とこなすので、周囲からの信頼感は抜群です。ただ、自分のペースできっちり仕事をして時間内に終えたいタイプなので、予定外の残業などはNG。また、一匹狼らしく群れになるのを嫌うため、上司に媚びたり、派閥に属したりすることにも無関心です。個性を理解してくれる上司のもとでは特異な才能を発揮しますが、大きな組織で働くより、自分がボスになれる少数精鋭の組織に属したり、専門職に就いたりするほうが向いていると言えるでしょう。計画性があるので、まずは中長期的な目標を立てると◎。そこから逆算して細かなスケジューリングをすれば、理想に近づいていけます。

◆ 適職

●児童作家　●理学療法士　●CGクリエイター　●気象予報士　●薬剤師　●評論家
●演出家　●探偵　●メイクアップアーティスト　●犬の訓練士　●映画監督
●ゲームプログラマー

 健康

どこまでも歩くことが
狼にとって一番の健康法

　歩くのが苦にならない狼にとって、一番の健康法は歩くこと。どこへでも自分の足で歩いて行きます。必然的に、スリムな体型と引き締まった脚の持ち主が多いでしょう。また、規則正しい生活を送るのがポリシーなので、なるべく毎日同じ時間に起きて、決まった時間に食事をし、同じ時間に寝る生活をとても大切にしています。このリズムが崩れると体調も狂ってしまうので要注意。偏りのない食事、安定した睡眠を意識して自分のペースを守り、健康管理に努めましょう。

　孤高の存在である狼の栄養源はひとりの時間。忙しい毎日の中でその確保がままならなくなるとストレスが溜まっていってしまいます。意識的にひとり時間を作るようにしましょう。

狼

 恋愛
周囲が反対すればするほど相手に夢中になる体質

　男女ともにクールな印象が異性を惹きつけます。最初は近寄りがたく思われても、深く付き合うほどに純真な人柄が相手に伝わっていくタイプ。聞き上手で相手の話を引き出すのも得意なので、良き相談相手になれるでしょう。ただ、ひとりが好きなのでそもそも恋愛自体にあまり興味がなく、基本的には自分から好きにならないと恋愛には発展しません。パートナーがいても必要以上に踏み込まれることは望まず、お互いの精神的な自立を求めます。

　ユニークな狼らしく、恋する相手も独特。周囲が反対するような一風変わった人に心を奪われる傾向があります。交際を始めると、お互いの自由は大切にしながらも一途に向き合い、誠実に関係を築いていきます。

◆ LOVE&SEX ◆

男 ひとりの人を愛し、その人のことを深く探求します。好奇心を活かしてサド精神を発揮することも。

女 自分のお願いを聞いてくれる誠実な人でなければ体を預けられません。濃厚なSEXを好みます。

- -

 結婚
最も家族愛の強い狼は、結婚後にその真価を発揮

　シビアな観察眼で、じっくり慎重にパートナーを見定めます。誠実さと信頼感を軸にする狼らしく、「約束を守らない」「お金にいい加減」「いつもベタベタと接してくる」ような異性は相手にしません。ただ、女性は一度「この人！」と決めると、いつもの冷静な判断力が鳴りを潜めることも。

　生涯、一夫一婦制を守っている野生の狼と同じように、狼の人は深い家族愛の持ち主。男女ともに恋愛に対してはドライな一方、一度家族になると、とことん相手を大切にし、無口な中にも深い愛情が見え隠れするようになります。しかし、信頼を裏切られる行為などがあると絶対に相手を許しませんので、狼をパートナーに持つ人はご用心。

◆ 相性の良いパートナー ◆

ひとりでいる時間と場所がないとストレスを感じるため、適度な自由と距離を与えてくれる人でないと長続きは難しいかも。また、独創的で個性的な人がタイプです。

干渉しない教育方針で
のびのびとした子育てを実現

子育て

　精神的な自立を重んじる「らしさ」を子育てでも発揮。子どもとは自立を重視した向き合い方をします。**甘やかすよりも早くひとり立ちしてほしいという思いを持っているので、子離れは早いほう。**干渉しないので、狼の子どもはのびのび育っていくでしょう。

　しかし、ドライな教育方針は子どもの自主性を伸ばす一方、場合によっては「うちの親は冷たい」と感じさせてしまう心配も。子どもを信頼する姿勢は大いに見せつつも、時には抱きしめたり手をつないだりするなど、スキンシップをして愛情をわかりやすく示すと関係が良くなります。また、合理的な狼ですが、子どもの話を遮らず、最後まで聞く心のゆとりを持つのも大事。

お金＝自分の価値。
適度な金銭欲で大事に使う

お金

　狼にとって、お金は自分の労働や提供した時間への正当な対価。**自分を測る物差しの一つでもあると思っているので、とても大事に扱い、計画的な消費を心がけています。金銭欲が特に強いわけではありませんが、お金と名誉なら迷わずお金を選ぶ実利派です。**

　経済観念は子どもの頃から発達していて、無駄遣いや散財とは無縁。コツコツ節約することも苦になりません。ギャンブルにハマることもないでしょう。もともと強い財運の持ち主でもあるのでお金に困ることは少ないタイプですが、突然大きな買い物をしたりするなど、大胆なところも。判断力が鈍っているときには失敗しやすいので、周囲の意見にも耳を傾けるようにしましょう。

◆ 落とし穴 ◆

金銭感覚がしっかりしているので、お金にルーズな人には黙っていられません。しかし、太っ腹なところもあり、時には高額商品を衝動買いしたりも。

狼

 倖せの鍵

「自分らしさ」を大切にすれば 運命が変わる出会いが訪れる

　独特な感性は、なかなか周囲の人たちに理解されないかもしれません。時には両親や兄弟にもわかってもらえず、悲しい思いをすることもあるでしょう。でも、あなたのそのユニークな性質は、尊くかけがえないもの。だから他人の評価を気にして生きる必要などありません。自分の直感を信じましょう。

　孤独に悩むより、個性を最大限に発揮するための「自分計画」を立ててください。実家が合わないなら、離れた土地への進学や就職先を求めて活路を見出す。日本の画一的な常識やルールに縛られるのが窮屈なら、外国に飛び立つ。そんな自由な発想を持ちましょう。必ず良き理解者に出会うことができます。そしてその出会いがあなたの運命を変えるでしょう。

◆ 人間関係のポイント ◆

　狼が居心地良く感じるのは、自分の個性を認め、適度な距離を持って付き合える人。しっくりくる相手に、本音を聞いてもらう習慣をつくると良いでしょう。

克服すべきウィークポイント

孤独を愛する気持ちと折り合いをつけ 時には相手に歩み寄る姿勢を大切に

　他人から干渉されるのも詮索されるのも大嫌い、ルールで縛られるのもイヤ。そんな狼は、どうしても周囲から浮いてしまいます。本人は無理に笑顔を振りまいてまで友達を作りたいとも思っていませんし、むしろひとりの時間がないとストレスを溜め込むタイプなので問題ありませんが、その姿勢が時に周囲との軋轢を生んでしま

うことも。自分を理解してもらおうという気持ちも毛頭ないので、言葉足らずなところがあり、誤解される場面も多くあります。

　人間関係の無用なトラブルを避けるためには、どんなに興味がなくても、相手の意見に耳を傾ける姿勢も大事。自分も周りの個性も尊重しながら生きるマインドを持つと、成長にもつながります。

27

13 ネアカの狼

天真爛漫で感受性豊かな明るくマイペースな人

無邪気で駆け引きのできない純真さが魅力の個性派です。他人には無頓着なので一見クールに見えますが、実は人が良く陽気で、自然と人が集まってくる人気者。付き合いが長くなるほどその味わい深さが相手に伝わります。割とグルメで、隠れた名店などの情報にも精通。自分なりの価値観を大切にする情熱家で、正義感も強く、信頼度は抜群。恋愛の重要度は極めて低く、気が合う人となら恋愛してもいいけれど、そうでないなら不要というスタンスの持ち主です。

19 放浪の狼

束縛を嫌い、自由を愛するユニークなチャレンジャー

流行や世間の評判などには興味がなく、ひたすら自分の好きなことに没頭する変わり者。平凡な毎日には興味がありません。人の目より自分のルールを重んじ、理想を求めてさすらいます。動物や植物を愛する自然派で、都会よりも自然豊かな南国などが好み。一か所に留まっていることが苦手で、気ままなひとり旅も大好きです。情に厚く、頼まれると断れないタイプなので人に利用されてしまうことも。人間関係で苦労したら、海を眺めて気分転換するのがおすすめ。

24 クリエイティブな狼

誰にも真似できない特殊な感性の芸術家タイプ

教養あふれ、周囲を驚かせるようなユニークなアイディアを思いつくロマンチスト。豊かな感受性と鋭い芸術的感性、そして他人には真似のできない発想力を武器に、クリエイティブな世界を切り開いていきます。とにかく凝り性で、自分で設定した目標を追求してのめり込むタイプ。長期的なデータから結論を導くような仕事で光ります。やや気分屋で、自分の考えに固執する融通の利かないところもありますが、サバサバしていて誰からも好かれます。

狼

25 穏やかな狼

ラッキーアイテム　地図

気高い精神をもち、妥協を許さない正義感の強い人

　嘘がつけない潔さを持ち合わせる、高潔でクリーンな人。夢を追うより、地に足を付けた堅実な生き方を目指す現実派です。金銭感覚も抜群で無駄遣いをすることはありませんが、時に大金を惜しげもなく使ったりする大胆なところも。どこか近寄りがたい雰囲気がありますが、根が親切で真面目なので穏やかな人間関係を構築します。基本的に楽天的で、不安やセンチメンタルな気持ちとはあまり縁のないタイプ。軽やかに物事を進められる処理能力が自慢です。

30 順応性のある狼

ラッキーアイテム　プリザーブドフラワー

物事の吸収が早く何にでも対応する知的な理論派

　ユニークな美意識の持ち主で、芸術への深い探求心があります。勉強熱心で、興味のある分野ではナンバーワンの存在に。表現力も豊かで、周囲の人を魅了します。媚びや甘えとは無縁の公平さを持ち、自分の意見は偽らず主張。人によって態度を変えることもなく、目上の人の前でも堂々としています。虎の縞模様を持っているので、相手の言い方に怒りを覚える獰猛（どうもう）な一面も。金運・財運・物質運に恵まれています。日常生活の中で小さな倖せを見出し楽しめるタイプ。

36 好感のもたれる狼

ラッキーアイテム　辞書

クールに見えてもその日その日を着実に生きる庶民派

　知的でユーモアのセンスもある多才な人。頼れる唯我独尊（ゆいがどくそん）タイプですが、穏やかで気取らない人柄のおかげで、周囲から人気があります。いかなるときでも客観的な視点を失わないので、調整役や駆け引きもお手のもの。利害関係に左右されることもありません。堅実なタイプで、コツコツと真面目に生きていきます。経済観念も発達しているので、無駄を嫌いしっかりと蓄財。クールで温和な印象ですが実は繊細でプライドが高く、自分のそんな二面性に悩むことも。

こじか

Fawn

3分類

MOON

ピュアでポジティブな甘え上手。
みんなに愛される天使的存在

KEY WORDS

- 純真で素直な楽天家
- みんなから可愛がられたい、愛されたい
- 甘え上手で親しい人にはわがまま
- 駆け引きや裏表のある対応は苦手
- スキンシップが大好き
- 恋人とは手をつないで歩きたい

- 感情が爆発すると手がつけられない
- 何にでも興味を持つが、長続きしない
- 相手の喜びが、自分の満足
- 初対面では警戒心が強い
- 人を育てたり教えたりするのが好き
- 行動範囲が限られている

基 本 性 格

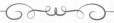

こじか

　12匹の動物の中で唯一の子どものキャラクターであることからもわかるように、このタイプの人は、**可愛らしくて周囲の人たちの庇護欲（ひごよく）をくすぐる愛されキャラ**。足がブルブルと震えてうまく立てない、母親からの愛情がないと生きていけない、そんな生まれたてのこじかのイメージそのものの存在で、無邪気さと純真さで周囲の人々を魅了します。みんなから可愛がられたい、見守ってほしい、優しく接してほしいというのが根本的な願望。基本的に楽天的ですが、依存心は強いタイプです。

　愛され願望は強いながらも、実は警戒心が強いので人見知りが激しいのも特徴。**初対面の人にはすぐに心を開かず、様子を見ながら徐々に本心を見せるようにしていきます。**

　真面目で誠実なので、嘘は大嫌い。駆け引きなども苦手ですが、人の気持ちを察するのが得意で親切なので、特に部下や後輩からの人望は厚いでしょう。人から良く思われたいという気持ちゆえに、誰にでも愛想を良くして八方美人になりがちなところがあります。苦手な人にも優しく接し、ストレスを溜めてしまうこともあるので、無理のない人付き合いを心がけましょう。

ラッキーアイテム

- ●ポシェット　●マフラー
- ●手袋　●ミルク　●スマホ
- ●化粧ポーチ
- ●キャンディー
- ●ぬいぐるみ
- ●キーホルダー

このキャラクターの攻略法

自分が相手からどう思われているかが、とても気になるこじか。お互いの気持ちを確かめ合えるようなコミュニケーションを望みます。メールやLINEで済ませるより、直接会って表情を見ながら会話できると安心します。軽いスキンシップも効果的。

「笑顔は敵を作らない」をモットーに そつのない全方位外交を展開

　自ら率先して人間関係の潤滑油（じゅんかつゆ）となる、職場のオアシス的存在。周囲を気遣いながら上手に立ち回ることができます。**部下や新人へは持ち前の優しさで親切に仕事を教えるので、好感度抜群**。ただ、本当は好き嫌いが激しい性格であるにもかかわらず、みんなに良く思われたいがために、やや八方美人になりがち。それが知らないうちに自分の負担になっていることもあるので、無理は禁物です。

　真面目で勤勉な性格なので仕事はコツコツ忠実にこなします。相手の気持ちを察するのも得意なので要領は良いタイプですが、激しい競争やノルマを強いられるような仕事には不向きな面も。平和を愛するため、ギスギスした職場環境も苦手。また、寂しがり屋なので、ひとりでのテレワークでは心が疲れてしまいます。

◆ 適職 ◆

●パティシエ　●フラワーコーディネーター　●保育士　●心理カウンセラー　●ネイリスト
●ブリーダー　●トリマー　●スタイリスト　●漫画家　●学者　●研究者　●美容家
●管理栄養士

繊細なこじかは、 食品添加物は絶対にNG

　健康には高い関心を持ち、運動よりも口に入れるモノを重視する傾向があります。**オーガニックにこだわり、食品に入っている添加物などは必ずチェック。ラベルをじーっと見つめている人がいたら、ほとんどの場合こじかです。**

　自分を取り巻く環境作りも徹底していて、空気清浄機や浄水器はマストアイテム。また、コンクリートと電磁波に囲まれた都会よりも、海や森、山などの自然の中で過ごすほうが生き生きできるでしょう。人間関係に起因するストレスに弱いこじかを、大自然が大いに癒してくれるはずです。気の合った仲間との旅行でも、心身ともにリフレッシュできるので、定期的に取り入れると健康増進につながります。

恋愛

人見知りなのでスタートはゆっくり。
一度恋に落ちると情熱的に

　好奇心旺盛なので恋愛にも強い興味はありますが、警戒心が強いのでなかなか一歩が踏み出せないタイプ。明るい雰囲気ながら、恋愛には人一倍奥手です。

　男女ともに、優しく受け止めてくれる包容力のある人が好み。**相手から先に気を持たれると一気にその人のことが好きになってしまうので、恋のスタートは相手主導のことが多め**です。特にこじかの女性は、可愛らしく、優しい雰囲気なので男性から人気があります。こじかはスタートが慎重な分、恋に落ちると一転、周囲が見えなくなるくらい情熱的。手をつないだり、ハグをしたりといったスキンシップも大好きで、いつでも一緒にいたがります。寂しがり屋で、遠距離恋愛では不安が募ってしまうタイプ。こまめな連絡はこじかにとってマストです。

◆ LOVE&SEX ◆

男 純粋なので、その場限りの関係などは問題外。恋人との時間を何よりも大切にします。

女 どこでも相手にベッタリとくっついていたがる甘えん坊。独占欲むき出しで束縛するところも。

 結婚

愛情のシャワーを
たっぷりと浴びたい寂しがり屋

　好きな人とは常に一緒にいたいこじかは、付き合い始めて相手の人柄を見極めたら、すぐに結婚を意識し始めます。一緒に住む家を探したり、家具や電化製品を選んだりする準備期間は至福のひととき。**結婚後は惜しみなく相手に愛情を注ぎ、家庭を大事にします。**甘えたり、スキンシップしたりするのが好きなので夫婦の時間も大切にするでしょう。親しい人には依存心が強くなり、自分本位になりがちな点に気をつければ、平和で愛のあふれる夫婦関係を保てます。

　また、ピュアでまっすぐで、曲がった事が大嫌いなので、相手の隠し事や嘘に気づいた途端、角が生えて感情がコントロールできなくなるほど荒れ狂います。嵐が去ると、またいつもの優しいこじかに戻ります。

◆ 相性の良いパートナー ◆

大人として尊重してくれつつも、子どもに接するような優しさで甘えさせてくれる人が◎。好きな人とは長く変わらない信頼関係を築きます。

愛情の化身で、子ども中心に。夫婦間には隙間風が吹きがち

こじかの子育ては自分を犠牲にするスタイル。**自分の分身とも言える我が子に対する愛情は半端ありません。**それが裏目に出て、子どもがいくつになっても過干渉気味になってしまい、思春期を迎えた子どもには鬱陶（うっとう）しく思われることも。親子間の確執（かくしつ）を生むこともあるので、お互いの人生を尊重するような意識を持つと良いでしょう。

こじかは子どもが生まれると、男女ともに子ども中心の生活になり、パートナーのことはつい後回しになりがち。構ってもらえないと感じた相手がスネて関係がギクシャクしてしまうこともあるので、こまめに夫婦のコミュニケーションをとるようにすると、家族みんなが仲良く円満でいられます。

お金のことを口にするのを恥ずかしいと思う感性の持ち主

損得勘定で動くことはないこじかは、自分からお金の話をすることはなく、金銭への執着も薄め。老後についてもノープランだったりと、お金の管理には甘いタイプと言えます。飲み会などで損をしても気づかないようなところもありますが、おごってもらうことも多く、なんとかなっている得なタイプです。

お金は自然に巡りめぐって自分のところに帰ってくるという意識を持っているので、**お金のために働くという感覚も希薄**（きはく）。困っている人のことも放っておけず、なかなかお金を貯めることができません。保証人などを頼まれると断れないことが多いので、人から騙されることも。何でも相談できる友人や金融のプロが身近にいると、心強い味方になります。

◆ 落とし穴 ◆

金銭感覚は甘め。高いものでも躊躇（ちゅうちょ）なく買ったり、つい衝動買いしてしまったりします。また、流行りものや人から勧められるものに弱いところもあります。買い物上手で管理に厳しい人がそばにいるといいでしょう。

倖せの鍵

限りない優しさと慈悲の心は
殺伐とした世界を救う尊いもの

　純真無垢なこじかは、人を疑うことを知らない天使のような存在。すべてにおいて性善説に立っているので、誰に対しても分け隔てなく優しさを与えます。時に信頼している人から裏切られたりして人間不信になってしまうこともあるかもしれませんが、そこでくじけず、あなたらしく性善説を貫いてください。他人を誹謗中傷したり、自分さえ良ければいいと品薄のトイレットペーパーを買い漁ったりする姿は、こじかからすると本来の人間の姿ではありません。

　こんなふうに人間の美しさ、優しさをとことん信じ抜くあなたの生き方は、いじめや自殺のない世界の扉の鍵となります。そしてそんな愛と平和のエネルギーこそが、自分の倖せにも結びついていくのです。

◆　人間関係のポイント　◆

本音と建前を使い分けることが苦手なので、性格が合わない人や親しくない人の前ではストレスを溜めてしまいます。なじめない人と出会ったときは、「宇宙人かも」と思えばOK。

克服すべきウィークポイント

ひとりでも楽しめる術を身につければ
強い独占欲が和らぐはず

　気配り上手なこじかは、周囲にも同じことを求めがち。また、ちやほやされていると上機嫌ですが、自分の思い通りにならないと途端にすねてしまいます。おしゃべりはあなたにとっては大切な自己表現の源泉で、みんなに自分の話を聞いてもらいたいという思いが強すぎるあまり、相手の話を聞こうとしない一面も。相手にもきちんと興味を持ってあげると、より良い関係性が築けるでしょう。

　また、独占欲がかなり強いため、友達も恋人も自分だけを見ていてほしいという気持ちが募り、他の友達や異性に嫉妬することも。自分優先でわがままな面もあるので、自分の考えがベストではないことを自覚するとともに、ひとりでも楽しめるようになりましょう。

11 正直なこじか

ラッキーアイテム **ぬいぐるみ**

正直で一本気な性格の可愛い頑固者

　純粋でナイーブ。真実の愛を求めます。警戒心の強さから、最初は多少ぶっきらぼうなところもありますが、親しくなると一気にオープンハートして愛くるしい笑顔を振りまくようになります。人から可愛がられることに無上の倖せを感じるので、仲が深まるにつれ少しずつわがままが顔を出し、相手に甘えるように。キュートな雰囲気とは裏腹に、嘘を極度に嫌がる一本筋の通った人。妥協やごまかしも大嫌いで、一度信頼を裏切られると、その相手には永遠に心を閉ざします。

17 強い意志をもったこじか

ラッキーアイテム **リップクリーム**

人を疑うことを知らない純真さと強い意志が身上

　礼儀正しく穏やか。可愛らしさと竹を割ったようなさっぱりとした性格の二面性が魅力です。柔らかな雰囲気からは想像できないような強い意志と闘争心を秘めた知性派で、逆境に強く、たくましく自分の人生を切り開いていきます。情に厚く、身内意識も強いので、仲間や家族に何かあったときは、自分が犠牲になってでも守ろうとする屈強なところを見せます。その愛情深さで、素晴らしい家庭を築くでしょう。ただ、お金には無頓着なのでなかなか貯蓄ができません。

32 しっかり者のこじか

ラッキーアイテム お花

誰とでもすぐに仲良くなれる交際上手な社交家

　どんな相手ともたちまち打ち解ける、社交上手な気配りの人。行き届いた配慮で場の雰囲気を和ませます。部下や後輩などに対する面倒見も良いので、リーダーとして頼りにされるでしょう。ただ、頼まれるとノーと言えない人のよさが災いし、自分で自分の首を絞めてしまうこともあるので、限界を見極めることが大切です。生来の楽天的な性格から「何とかなるだろう」と甘く考えて、期日前に慌てることも。とはいえ、ピンチでも必ず助け船が現れる強運の持ち主です。

38 華やかなこじか

ラッキーアイテム 指輪

可憐な少女のようなイメージをもった優等生

　おっとりとしていて上品。華やかな印象からは想像もつかないような芯の強さを秘めた、真面目で責任感のある人です。外柔内剛で社交性もあり、評判は上々。職場での信用も厚いので着実にキャリアアップを重ね、堅実に貯蓄します。知的な趣味も豊富で、才能を発揮。勝ち負けには興味がなく、自分の好きなものだけを見つめています。自分と価値観の合う人とだけ関係を築きたいという思いを持っており、一度信頼した相手とは長く付き合うようになるでしょう。

猿 Monkey

大切なのは遠い未来より、目の前の今日。
今を一生懸命生きる短期決戦型

KEY WORDS

- 乗せられると弱い
- 小銭が絡むと頑張ってしまう
- 短期決戦には強いが、長期戦には弱い
- 手先も足も器用
- 堅苦しい雰囲気は苦手
- 落ち着きがなく、じっとしていられない

- 何でもゲーム感覚で頑張る
- 信じやすく、だまされやすい
- 猿なのでバナナが好き。お菓子も大好き
- 話すときは相手の目をじっと見る
- 攻撃されるとムキになる
- エンジョイするために生きている

基本性格

　明るく元気なみんなの人気者。**愛嬌のある素直な性格で、気取ったところもなく、誰とでもざっくばらんに付き合えるのが最大の魅力**です。相手の顔色や本音を見抜く天性の資質を持っているため、細かなところまでよく気がつきます。「人生は楽しんだ者勝ち」だと信じていて、勉強も恋愛も仕事もゲーム感覚でエンジョイ。人に褒められたいから頑張る、という無邪気な一面も。

猿

　細部まで見落とさない観察眼とのみこみの早さが光る、器用な人。効率的に仕事を進めることができ、商才もあります。気さくな人柄で場を和ませるのも得意なので、組織でありがたがられるタイプと言えるでしょう。**「勝つまで諦めない」という目標達成能力も見事で、特に短期的な集中力は誰にも負けません。** しかし、長期戦になるとバッテリーが切れてモチベーションがダウン。今日を生きることに命を燃やしているので、先のことを考えるのは苦手です。長期的に掘り下げていく仕事より、短い期間で集中的にエネルギーを放出し、結果を出すような仕事が向いています。

　老若男女問わず、お菓子には目がありません。高価なスイーツよりも、コンビニに売っているような安価なお菓子が好き。

ラッキーアイテム

- ●小銭入れ　●スニーカー
- ●虫かご　●ポテトチップス
- ●ハンカチ　●メガネ
- ●ゴルフクラブ　●腕時計
- ●自動販売機　●バナナ

このキャラクターの攻略法

話をするときは、目をじっと見つめて。長い話は禁物です。用件は一言で端的に伝えましょう。遠回りな言い方はやめて、ざっくばらんな本音トークを基本に。起承転結をハッキリさせないと、猿には伝わりません。気軽なプレゼント攻撃は効果的。

楽しみながら仕事する野心家。
期限付きの目標設定で闘志を燃やす

　要領良く仕事を進めることができ、理解力にも優れた器用なタイプ。仕事への取り組み方も真面目です。自分が興味のある分野やワクワクするようなプロジェクトでは、抜群の成果を上げるでしょう。また、**競争心旺盛で負けず嫌いなので、ノルマがある営業職のような仕事では、ライバルを蹴散らして一番を目指すようなパワフルさを見せます。**長期的にコツコツ取り組むような仕事より、短期決戦でエネルギーを一気に放出するような仕事で輝きます。

　また、自分が楽しめるかどうかが重要なので、単調だと感じる仕事や作業ではせっかくの能力を発揮しきれません。忙しく動き回る仕事が向いていると言えます。結果が出たら、昇給や手当でしっかり評価してもらえるとさらにやる気アップ。

◆ **適職** ◆

●プロゲーマー　●ユーチューバー　●歯科医師　●歯科技工士　●ゴルファー
●イラストレーター　●芸人　●ミュージシャン　●ドライバー　●役者　●ネイリスト　●すし職人

ストレス指数は低めだが、
実績を積んで自己肯定を

　常に前向きに物事を捉えているので他のキャラクターに比べてストレス指数は低め。ただ、ちょっと神経質で小心者のところもあります。自信のなさは経験を積むことでフォローできるので、焦らず地道に努力を。また、**人から褒められることが原動力ですが、人が見ていなくても努力する「自分軸」を身につけることで自己肯定感が育まれ、それが不安やストレスを軽減するでしょう。**

　猿の人は家でゴロゴロしているのが苦手で、常に動き回っているため運動不足になることもありません。趣味も、ゴルフ・テニス・スキーなど健康的なものを好む人が多く、比較的、体は丈夫。ただ、風邪をひいたり熱を出したりすることは多いので、薬はいつも持ち歩いておくと安心です。

明るい和ませムードで引く手あまた。今、この瞬間を楽しむ恋が理想

楽しいことが大好きな猿は、恋愛にも意欲的。優しくて周囲を喜ばせる人気者なので、猿に恋する人にとっては常にライバル多数です。ただ、当人はドロドロした恋愛や逆恨みされるような恋愛には全く興味なし。摩擦のない、ロマンティックな恋を夢見ています。後腐れのない一度限りの夜遊びにも積極的なタイプが多いかもしれません。しかしながら、内面は誠実で競争心旺盛。一度本気になると、のめり込んで相手に尽くします。

猿が居心地良く感じるのは、お互いに何でもハッキリ言い合える関係性。今を楽しみたいという気持ちが根底にあるので、将来を約束させられるようなことを言われると、たちまち気持ちが萎えてしまいます。

◆ LOVE&SEX ◆

男 真面目で恋人一筋の人と、遊び人の両タイプがいます。お互いに喜ばせあうのを楽しみます。

女 軽いノリのタイプもいますが、多くは誠実派。ドラマのようなシチュエーションに憧れます。

猿

友達同士のような雰囲気の、笑いとユーモアあふれる夫婦に

何においても「楽しさ」が一番の猿が結婚生活で目指すのは、明るい家庭を築くこと。**いつまでも少年少女のような若々しい気持ちを持ちながら、何でも話し合える友だち同士のようなパートナーシップを理想としています。**心を許せる相手と結婚すれば、笑いとユーモアの絶えない、明るい家庭を築くことができるでしょう。夫婦間での役割をきちんと決め、お互い協力し合いながら日々の生活を営んでいきます。

家庭のために一生懸命働く誠実さもあるので、安定した生活を手に入れることができるでしょう。金銭的にもしっかりしているので、貯蓄も着実に行っていきます。マイホームなどの夢があれば、早い段階で実現できるかも。

◆ 相性の良いパートナー ◆

自分の頑張りを理解してくれる人、自分の行為を喜んで褒めてくれる人が◎。気配りができる誠実な人となら、安定した生活を送ることができるでしょう。

子育て 子どもと同じ目線に立つので フレンドリーな親子関係に

　猿の子育ては、自然でフレンドリー。「よく学び、よく遊ぶ」がポリシーなので、休みの日には友達のように子どもと一緒に遊び、良好な関係を築きます。子どもが最低限のことさえクリアしていればOKというスタンスなので、宿題をきちんと終えていれば遊びに行くのも寛容に認めます。子どもはストレスなくのびのびと育つでしょう。

「長所進展法」をモットーに、悪いところを直させようとするのではなく、良いところをとことん伸ばそうとするので、子どもの才能を開花させやすいのも魅力。猿の子どもは自分に自信を持って人生を歩めるでしょう。叱っても、翌日にはケロッとしていて後を引かないサッパリしたところも美点。

お金 小銭への愛着は天下一品。 ゲーム感覚で運用も楽しむ

　お金は大好きで、数字に強いので勘定も得意です。なぜか札束よりも小銭に目がなく、500円玉で50万円貯まる貯金箱などは大好物。100円と120円の違いには敏感で、スーパーの特売チラシなどをくまなくチェックしたりしますが、1万円を超えるとたちまち金銭感覚がマヒしてしまいます。

旅行をする、車を買う、家を建てるなど、明確な目標があれば貯金にもモチベーションがかかります。蓄財にも興味あり。ゲーム感覚で運用に取り組めば、毎日の株価の変動などを楽しみながらチェックするでしょう。基本的に気が小さいので、大博打を打つことはなく、堅実な人生を歩みます。やり手なので、ビジネスの場で引き立てられ、それが豊かさをもたらす可能性も大いにあります。

◆ 落とし穴 ◆

　お金にはシビアなので食事は割り勘が基本。デートのときは人によっては嫌がられるのでほどほどにしましょう。自分ばかり利益を得ようとするとそっぽを向かれてしまうかも。

倖せの鍵

人の悪口は言わざる、聞かざる。
感謝の気持ちが幸運を呼び込む

基本的にポジティブでプラス思考なので、開運のチャンスを掴む機会に恵まれています。「自分は自分、他人は他人」と割り切っているため、他人の欠点や間違いにも寛容。悪口や陰口を言わないところも猿の長所です。

後悔のない楽しい人生を送りたいと思っているので、その前向きな姿勢が、思いがけない幸運を引き寄せる場面もたくさん。また、誰に対しても「ありがとう」と言える素直な心の持ち主なので、多くの人から愛されるでしょう。**この良好な人間関係こそが開運の鍵となりますので、身近な人たちを大切にしてください。**特に両親への感謝の気持ちを常に忘れないようにすることで、幸運のスパイラルがどんどん起きてきます。

猿

◆ 人間関係のポイント ◆

考え方の違う人は避けがちですが、自分と異なる価値観も理解するように心がけましょう。気を使いすぎるとストレスが溜まり、お互い気まずくなってしまうのでほどほどに。

克服すべきウィークポイント

目先の利害だけにとらわれず
時にはロングスパンで考えて

目の前のことを着実にこなしていくことには長けている猿ですが、大きな視点・長期的な視点で物事を判断するという姿勢が不足しがち。また、気が小さく大胆に行動することが苦手なので、責任ある仕事や大きなプロジェクトを任され、プレッシャーに押しつぶされてしまいそうになることも。

勝ち負けにこだわり、目標を達成しようとする意欲は素晴らしい長所である反面、負けるとムキになり感情的に相手を攻撃してしまうところもあるので、心の余裕を持つようにしましょう。また、お金にシビアな面は、「ケチ」と映ることもあるのでほどほどに。長期的なスパンで大らかに物事を見つめられるようになると、うまくいかないことも好転するはずです。

3 落ち着きのない猿

ラッキーアイテム **キーホルダー**

ピュアで明るく元気。太陽のように周りを照らす人気者

　子どものように純真で明るい太陽のような性格で、周囲の人を虜にします。スポーツ万能で利発。集中力もあり、勝負強いタイプです。ひらめいたアイディアをすぐ実行する行動力と、失敗してもめげないタフさも強みです。感情が素直に顔に出る憎めないタイプで、ケンカしても後を引くことなくさっぱり。じっとしていることが苦手なので、常に落ち着きなく動き回っています。食べることにも目がなく、バナナはもちろん、カレー、オムライス、から揚げなども大好き。

9 大きな志をもった猿

ラッキーアイテム **貯金箱**

好奇心と冒険心旺盛。壮大な野望をもった旅人

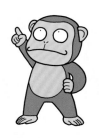

　猿の中では最も大胆な発想をします。枠にはめられた生活を窮屈に感じ、地位や名誉にも興味なし。自分が打ち立てた野望に向かって熱心に取り組む努力家です。あらゆることをゲーム感覚で楽しんでいるうち、いつのまにかエキスパートになっていることでしょう。一方、神経が細やかで真面目なため、人との付き合いではうまく自分を出せず疲れを感じてしまう面も。自然や動物と触れ合っているときが一番生き生きとしています。海外とも深い縁があります。

15 どっしりとした猿

ラッキーアイテム **スニーカー**

ずば抜けた集中力とお金への意欲で活躍する現実主義者

　決して冒険しない安定志向の現実主義者。大らかなタイプですが、一度野心を抱くと猛烈に意欲を燃やし、アグレッシブに努力します。なんでも器用にこなし、人を動かす能力も抜群。鋭いカンと並外れた集中力で着実に成果を上げるので、サラリーマンでも頭角を現します。人間関係のコツを心得ているので、学校や職場の仲間からも厚い信頼を寄せられるでしょう。やや勝気でプライドが高いところもありますが、世渡り上手で愛嬌もあるので、どこでも人気者。

(34) 気分屋の猿

ラッキーアイテム　**ジグソーパズル**

猿の中では競争意識の薄い、シャイで穏やかな芸術家

　シャイでデリケート。争いごとを嫌う平和主義者ですが、自分の意志はしっかり持っており、迎合したりはしません。とても豊かな感性を持っているので、人がビックリするような発想をすることも多い、アーティストタイプ。繊細なハートの持ち主で、神経質なところもあり、人との付き合いでは穏やかに振る舞いながら適度な距離感をキープ。初対面では相手の出方を見ます。思い通りにならないとスネる子どもっぽい一面もあり、周囲からは気分屋と思われることも。

(40) 尽くす猿

ラッキーアイテム　**孫の手**

誰に対しても平等で、貢献することを喜ぶ世話上手

　敏感に人の気持ちや状況を察知する、心優しい世話上手。母性愛が深く誰に対しても分け隔てなく親切に接します。表現力も豊かで、人の気を逸らさない巧みな話術で周囲を惹きつけるのも得意。たくさんの仕事を一気にこなせる情報処理能力の高さも自慢です。中途半端が嫌いなので何事にも全力で立ち向かっていきますが、その集中力が長く続かないのが玉にキズ。自分の感情をあまり表に出さず、ストレスを溜めがちなので、意識的にひとりの時間も持つと良いでしょう。

(46) 守りの猿

ラッキーアイテム　**小銭入れ**

保守的な態度で成果を出す稀有な才能の持ち主

　堅実で、浮き沈みのない人生を好みます。人当たりが良く、そつなく人間関係を築きますが、実は熱い闘志を内に秘めた負けず嫌い。新しいものを生み出すより、既存のものに付加価値を付けるなどして、現状を守りながら成果に結びつける才能はピカイチです。問題処理能力も抜群で、動じることなくテキパキと対応することができるでしょう。感情に流されない姿勢は老若男女から支持されますが、隠れたプライドの高さから、つい背伸びしてしまう一面も。

チーター
Cheetah

狙いを定めたら果敢に一直線。
誰にも止められないスピード王

KEY WORDS

- 考えるよりも、まず行動
- 獲物を追う瞬発力はすごいが、長続きしない
- 超プラス思考で強気
- チャレンジ精神旺盛で大志を抱く
- ネガティブな発言は嫌い
- プライドが高く、人前でかっこつけたがる

- 締めつけられるのが嫌いなので、基本は裸族
- 人のハートを射抜く天才
- 焼き肉が大好き
- 目移りが激しい
- 思い込みが激しい
- 欲しいものはすぐに買う

基本性格

　超ポジティブで成功願望が強い野心家。好奇心や冒険心が旺盛で、興味を持ったことにはすぐさま挑戦します。**抜群のスピード感と勇敢さで、狙った獲物は逃しません**。弱音や愚痴などの否定的な言葉は嫌いです。

　野生のチータは陸上で最も足の速い動物として知られていますが、チータの人も同様に瞬発力があってフットワークが良く、臨機応変にテキパキと行動します。**プライドが高く、生涯を通して華麗なハンターであり続けますが、手に入れるまでのプロセスを重視し、目標達成してしまうと途端に興味を失います**。

　逆境には強く、志に向かって一心に努力しますが、実はメンタルはそんなに強くはないタイプ。人当たりが良いので愛されますが、内心の好き嫌いはハッキリしており、自尊心を傷つけるようなことを言う人は苦手です。叱られるより、褒められるような環境でこそ伸び伸びと才能を開花させます。締めつけられるのが嫌いなので、寝るときは下着をつけない人が多いのも特徴。基本的には裸族です。野生と同じように肉食系で、原動力となる焼き肉には目がありません。しかも、大食いで早食いです。

ラッキーアイテム

- ●サングラス　●スカーフ
- ●香水　●エクステ
- ●ネイル　●パンプス
- ●フィットネス　●水着
- ●ビーチチェア
- ●ペディキュア

このキャラクターの攻略法

とにかく褒めて乗せること。「ダメ」と言うと必ずやるので、禁止するようなワードはタブー。追いかけるのは好きだけれど、追いかけられるのは苦手なので、しつこくしないのがポイント。あえて逃げてハンター精神に火をつけるのが効果的。

仕事　突如、大きな契約を取ってくる 大物狙いのハンター

　出世欲からではなく、純粋な好奇心を原動力に突き進むタイプ。マルチタスカーで頭の回転も速く、効率良く仕事をこなします。小さな数字や地道にコツコツこなすような仕事には興味がなく、狙うのは常にビッグビジネス。日本ではマーケットが小さすぎると感じ、海外への事業展開を狙ったり、世界を股にかけるような商社マン、貿易商などに憧れたりも。

　一瞬で親しくなれるような見事な話術と粘り強さで、難攻不落な大物顧客のハートも射抜いてしまうタイプ。相手がその気になるまで、何度でも訪問して仕留める成功願望の強さとフットワークの軽さは見事です。ただ、スタートダッシュが抜群な分、諦めの早い一面が。自信過剰になりがちな点にも注意しましょう。

◆ 適職 ◆

- ●モデル　●スタイリスト　●CA　●アナウンサー　●シェフ　●ダンサー　●ミュージシャン　●高校教師　●消防士　●イラストレーター　●芸能界　●外交官　●政治家　●歌手　●外科医　●冒険家

健康　太陽の光を浴びながら 身体を動かすことでみるみる元気に

　基本的に体は丈夫で、病気とは縁遠いタイプ。**家でじっとしていることのできないチータは、外で太陽のエネルギーをたっぷりと浴びながら活発に行動することでパワーチャージできます**。ボクササイズなどの実践トレーニングは別として、室内のジムでのトレーニングでは物足りないと感じてしまうかもしれません。アスレチックや体験ツアーなど、屋外での活動と相性抜群です。

　多少危険でスリルを伴うロッククライミングやボルダリングなどは、刺激を求めるチータのためのスポーツなのかもしれません。ハンティングやフィッシングもおすすめ。適度にスリリングなレクリエーションを通じ、心も体も思いっきり動かしてツヤのある毎日を送りましょう。

恋愛

恋こそが生きている証。心奪われると 愛の狩人と化す、恋愛至上主義者

　華やかで陽気、攻めの姿勢がデフォルトのチータは、12キャラ中ナンバーワンの恋愛体質。強い引力があり、男女ともに異性からの人気は抜群です。ナンパや同時進行に抵抗を感じない人も多く、行きずりの人と恋に落ちることも。

　勝気で生意気なところも魅力の女性は、相手への条件も多め。多方面からモテる男性は、刺激を求めて短い恋を繰り返す傾向が。恋愛の比重が大きいチータは、恋がうまくいっているときは生き生きとして、生活全体のモチベーションがアップします。追いたいタイプなので恋愛では常に自分がリードして主導権を握るのが理想。激しい情熱で恋をしますが、熱しやすく冷めやすいタイプと言えるでしょう。たくさんの恋愛経験を積みながら、人間的にも大きく成長していきます。

チータ

◆ LOVE&SEX ◆

男 征服欲・快感・ストレス発散がSEXの3本柱。SMなどにも抵抗なく、激しく快楽を求めます。

女 開放的な人も多め。新しいことにも興味津々です。ただ本気の恋をしたときは、相手に多くを求めません。

 結婚

夫婦共働きが基本で、結婚生活と キャリアの両立が理想

　結婚しても仕事は続けたいと思うタイプです。夫婦共働きが基本で、家庭と仕事、どちらもそつなくこなし、両立させるのがチータ流。**それぞれのライフスタイルをしっかりと尊重しながら、お互いに干渉しないのが暗黙のルール**です。

　結婚しても生活感がにじみ出ることはなく、いつまでも独身と思われるような華やかさを維持。パートナーから干渉されたり束縛されたりするとうんざりして、外で憂さを晴らすことも。一緒にいるときだけ良き妻、あるいは良き夫でいればいい、というくらいのゆるさを持てば、お互いを追い込むことなく、夫婦円満長続きを実現できるでしょう。ケンカ中に自分から頭を下げることは苦手なため、相手から謝ってくれない限りはなかなか仲直りできません。

◆ 相性の良いパートナー ◆

セレブやエリートが好み。不満を言ったり依存したりしない、明るくしっかりした人が◎。自分に安らぎを与えてくれる人との結婚を望みます。

体験を重んじる実践派。
野生の本能で強い子どもを育成

　実践を通じ、たくましい子どもを育てるのがモットー。**子どもには何でもさせてみて、失敗も経験させながら成長を後押しするという信念の持ち主**です。例えば道を歩くときはあえて車道側を子どもに歩かせて、車の怖さを身をもってわからせるなど、理論で教えるだけでなく、実践で教えていくことを大切にするでしょう。

　自然が大好きなアウトドア派なので、夏休みには遊園地よりもキャンプやバーベキューに連れて行き、大自然の中で自由にダイナミックに遊ばせたいと思うタイプ。子どもはこうした様々な体験を通じて自発的に学び、何事にも動じないタフさを身につけていくでしょう。

常に一攫千金を夢見る、
さすらいのギャンブラー

　お金は大好きですが、一生懸命働いて貯蓄に励むという意識は皆無。「何とかなる」が口癖で、金は天下の回り物と信じて疑いません。堅実さとは程遠く、衝動買いも多め。基本的に浪費家な上、見栄っ張りなところも手伝って、「宵越しの金はもたない」主義。あればあるだけ使ってしまいます。

　楽して大金を稼げることに大きな憧れを抱いていて、常に一生遊んで暮らせるお金があったらな……なんて空想をしながらニヤリ。**企画や営業など、得意分野でその才能を発揮できれば、大金を手にする可能性は大いにあります**。また、生活を切り詰めることには興味がありませんが、仕事や投資では勘が働くので、それによって財がもたらされることも期待できるでしょう。

◆ 落とし穴 ◆

お金を借りるときは平身低頭ですが、後はケロッとしたもの。返済を迫られると逆ギレすることも。信頼を失わないよう、誠実な対応を心がけましょう。

倖せの鍵

尊敬する人の成功談で
ポジティブな姿勢をさらに強めよう

　好奇心の塊のようなチータは、いつでも新しい刺激を求めています。ピンとくる情報をキャッチするのはお手のもの。「自分は失敗しない」という確信のもと、物怖じすることなく果敢にチャレンジするので、時に痛い思いをすることもありますが、本人にとってはすべてかすり傷。そのポジティブな姿勢と揺るがない冒険心で道を切り開きます。

　また、**人懐っこい笑顔と巧みな会話術により、新しい人との出会いも活発に生み出していけるのはチータの大きな強み**。そのようにして築いた人脈が人生を豊かにする財産となります。そこで出会った成功者から聞くサクセスストーリーが、さらにモチベーションを高めてくれるでしょう。

チータ

◆ 人間関係のポイント ◆

社交性が高く、茶目っ気のあるチータは、周囲から憎めない人だと思われています。とはいえ、独断に走らず、人の意見を受け入れ誠実に接することも大切です。

克服すべきウィークポイント

約束を守る、視野を広げる。
この姿勢が成功への扉を開く

　自分の興味のないことには淡白で、一度「こう」と決めると忠告してくれる人の話には聞く耳を持たないチータ。やや自分中心のところがあり、居心地のいい人ばかりを周囲に集めてしまう傾向があります。やる気のアップダウンも激しく、気持ちが滅入っていると自分の殻に閉じこもってしまうことも。視野を広げて人の意見を取り入れる寛容さを持つと道が開けていきます。

　また、大らかな性格ゆえに、時間とお金にルーズなのも克服すべき点。「約束は必ず守る」と自分に強く言い聞かせてください。行き当たりばったりの生き方では信頼を損ない、大切な友達を失う危険も。嫌なことから目を背けず、問題解決に努めることも大切。

① 長距離ランナーのチータ

ラッキーアイテム **成功哲学の本**

じっくりと時間をかけて取り組む忍耐と根性の人

　チータの中では珍しく長期的に物事を捉えることができる努力家。プライドが高く一本気な性格は、時に周囲との衝突も生みますが、気にせずに自分の信じる道を突き進む強さがあります。明確な目標があれば、どんな障害もめげることなく乗り越えていく根性の持ち主なので、成功する確率も高いでしょう。ただ、上下関係が厳しいサラリーマンには向いていないので、独立自営の道がおすすめ。金運にも恵まれていますが、恋愛体質なので色恋沙汰で失敗しないように。

---

⑦ 全力疾走するチータ

ラッキーアイテム **海外のファッション誌**

品の良い外見に激しい情熱を秘めたワイルドな野生児

　優しく上品な雰囲気ですが、根は負けず嫌いな頑固者。天性の行動力は最大の武器で、何でもスピーディーにテキパキとこなします。逆境にもめっぽう強く、自らの力で険しい道を切り開くたくましさが多くの人を惹きつけます。妥協を嫌い、自分が大切なものは身体を張って守る気高き反骨精神の持ち主。小さな努力を重ねることは苦手で、いつも一攫千金を狙っています。シャープな感性ゆえに、やや神経質になってしまう一面も。スピード狂なので、車の運転には注意。

㊷ 足腰の強いチータ

ラッキーアイテム　**ブランドものの石鹸**

夢へまっしぐら。どこもかしこも強靱な万能選手

　仲間意識が強く、卓越した社交性の持ち主で、リーダーとしての資質十分。そのオープンな性格が人を惹きつけて離しません。生来の楽天家で、困難に直面してもいつも誰かが助けてくれる強運にも恵まれています。頭の回転が速く、交渉や説得も得意。ただ、人に細かく指示されることは嫌います。成功を夢見るチャレンジャーなので、ビジネスの世界で大きく花開くでしょう。生粋の仕事人間なので家庭生活にはあまり向いていませんが、恋愛がパワーの源の恋多き人。

㊽ 品格のあるチータ

ラッキーアイテム　**Tバック**

にじみ出る品性とオーラが人を惹きつけるスター気質

　プライドが高く妥協を許さない、高貴で品格のある人。オーラやフェロモンが強いので周囲に自然と人が集まります。成功願望が強く、中途半端では終わらせられない強気な性格の持ち主なので、階段を上るように地位を高めていきます。理想とする成功者をお手本に、自分を厳しく律することができれば成功が約束されるでしょう。いつのまにか周囲からスポットライトを浴びる人になっているということもあるので、時には肩の力を抜くことも覚えましょう。

黒ひょう

Black Panther

いつでもカッコよくありたい
スマートでおしゃれな自信家

KEY WORDS

- 仕切りたがりのリーダータイプ
- 常に新しいものを追い求める情報通
- 自分大好き。自分ファースト
- メンツやプライドにこだわる
- ファッショナブル。ダサいことは大嫌い
- 洋服はモノトーンが基本
- お下がりは論外。安くても新しい服を希望
- センス抜群のアイディアマン
- いくつになっても青春時代
- ガラス細工のように繊細な心
- 先行逃げ切り型
- 気を遣われると上機嫌になる

基本性格

スタイリッシュで誇り高く、エリート感あふれるリーダー。自分に自信があり、いつでもひそかにトップを狙っています。ただ、立場やメンツには一際こだわるので、周囲の視線を気にしすぎるあまり、評価や噂話に一喜一憂して自爆することも。プライドは高いですが、繊細で傷つきやすい心の持ち主です。

ファッショナブルでセンスも良く、トレンドには敏感。新しいものには目がなく、新製品や新情報を常に追い求めています。美意識も高く、実際に美容関係やファッション関係の仕事に就く人も多数。**年齢を重ねても、若々しく洗練された印象を保ちます**。女性はちょっとボーイッシュで、ショートヘアが似合うキュートな小悪魔といった印象の人が多め。男性は常にカッコよくいたいという意識が光るスマートなタイプです。

しっかり者で、責任感を持って仕事に当たり、何でも器用にこなします。話し合いも得意。道理と正義の人で、不正を見つけたら猛然と上に楯突くような反骨精神の持ち主。**仲間思いで、困っている人を見過ごせない優しさも持ち合わせているので、みんなから好かれます**。妄想癖があり、想像の中では大胆な自分に。

ラッキーアイテム

- 情報誌　●スマホ
- スパッツ　●補正下着
- サングラス　●革ジャン
- スポーツカー
- サーフボード
- ストッキング

このキャラクターの攻略法

とにかく押しに弱いので、先制攻撃こそが一番の攻略法。また、優しくされると心を開きやすくなるので、黒ひょうの話は最後までじっくりと聞いてあげるのがポイント。硬軟織り交ぜて攻めると効果的。ダサいことは嫌がられるのでスマートに。

黒ひょう

情報時代をスマートに生き抜く マルチな才能の持ち主

強い責任感を原動力に、器用に仕事をこなす頼れるビジネスマン。社会の動きに敏感で弁も立つマルチなタイプで、その説得力、企画力、世の中の動向に対するアンテナの高さから、「マスコミ界の星」の異名（いみょう）も。表現力にも恵まれています。

自信とプライドを内に秘め、リーダーの座を狙う野心家ですが、**自分のためより誰かのために頑張れるタイプ**なので、チームワークは大切にします。面倒見も良く、部下からも慕われるでしょう。**質の良い情報こそがビジネスの鍵を握る現代は、まさに黒ひょうの時代。**時代が追いついてきたと言わんばかりに、その情報収集力で本領発揮する可能性を内包しています。特に新規事業開発や企画部門で活躍する可能性大。ただ、思い込みの激しさによる孤立には注意しましょう。

◆ **適職** ◆

- ●ファッションデザイナー　●ネイリスト　●CA　●モデル　●漫画家　●ゲームクリエイター
- ●ユーチューバー　●作詞家　●芸能界　●アパレル　●飲食業　●IT企業　●美容師
- ●臨床心理士

「美しく見られたい」気持ちを 美容と健康維持に生かして

いつまでも若々しくありたいという思いが強い黒ひょうは、美と健康維持には特に気を遣っています。新しもの好きという面も手伝って、流行っているサプリは、とりあえず全部試してみるようなタイプと言えます。

カッコよくありたいという思いが本質なので、体型の崩れには敏感。**いつまでも若く、美しくいたいという気持ちが、アンチエイジングや健康的な体・美肌づくりなどにも大いに活かされます。**身体を動かすのも苦にならないタイプなので、ジム通いも楽しみ、爽快に汗を流すと良いでしょう。ジム仲間を作り、帰りにおしゃべりしながらのティータイムを習慣にすると、最高のリフレッシュになってますます健康でいられます。

恋に恋する妄想好き。
理想の人を求め続けるロマンチスト

　頭の中で理想の恋を思い描いているときが一番倖せな妄想家。スタイリッシュでキュートな雰囲気が魅力の女性は、いつか白馬に乗った王子様が迎えてきてくれると信じています。会話やファッションにセンスが光る男性は、恋愛至上主義者で、**感性やセンスが合えば一瞬で恋に落ちる惚れっぽい体質。**

　男女ともにおしゃれな雰囲気で人気も高いのですが、本命以外の相手からでも告白されるとほだされてしまう一面があり、なかなかナンバーワンの人と付き合えないのがウィークポイント。男性は障害があるほど燃えますが、その粘りが続かないタイプ。女性は親しくなるほど相手に批判的になりがち。束縛や干渉が激しくなっていくので、相手を信じる心を持つようにすると関係が長続きします。

◆ LOVE&SEX ◆

男 身も心もぴったりの相手を探し、次から次へと渡り歩きがち。自分がリードするほうが好きです。

女 プライドは高く、下世話な冗談は絶対NG。じっくり相手を見定めてから体を許します。

努力を惜しまない二人で
洗練された結婚生活を

　黒ひょうらしいセンスと努力で、スマートな結婚生活を追求。**仕事と家庭の両立や、理想の一家を作りあげるための努力を苦にしない、頑張り屋さんです。**男女とも綺麗好きなので常に部屋の中はすっきりと片づけ、料理にも意欲的。近所付き合いも難なくこなせます。マイホームなどの夢があれば、節約にもしっかり励んで実現させるでしょう。

　女性はソフトな物腰の中に知性が光る、いわゆる良妻賢母タイプで、男性からすると理想の妻。ただ、裏切られたときは一転して逆上します。スマートさにこだわる男性は、結婚しても恋人同士の気分を持ち続けていたいという思いが強く、所帯じみた関係性になるとたちまち冷めてしまう可能性が。

◆ 相性の良いパートナー ◆

　あなたの自己主張を黙って聞いてくれる懐の深い人が理想。スマートでカッコいい人生を歩んでいるクリエイティブな人とも相性◎です。

黒ひょう

子育て

強すぎる愛情ゆえに
やや過干渉気味になりがち

母性愛・父性愛の強い黒ひょうは、子どもをとてもよく可愛がります。ただ、愛情が強すぎるがゆえに、過干渉になってしまう可能性も。万事において過敏になり、学校であったことなどもすべて話させようとするので、子どもは家でのびのびと過ごせないと感じてしまうかもしれません。また、あまりに口うるさくすることで、煙たがられてしまう可能性もあります。

いつまでも**子ども扱いするのではなく、もう少し信頼し、大人と同じように対応してあげる余裕を持てば、親子関係はもっと良好になるでしょう**。干渉したい思いは「気持ちがつながっていればOK」を合言葉に抑えるようにすると、子どもの自主性を育むことができます。

- -

お金の大切さは理解しつつも
見栄っ張りが発動して大盤振舞い

カッコよく生きるのが理想なので、お金の話をすることにはどうしても及び腰になりがち。お金の重要性はよくわかっているにも関わらず、プライドが高く見栄っ張りなので、大胆に振舞ったりして損することも多々あります。「素敵な自分像」のため、高級店に行って大金をはたくことも。一つの物を大事に使い続けるのも苦手なので、新しい商品を目にするとついつい衝動買いしてしまったりもします。とはいえ実は金銭感覚はきちんとしている方で、貯蓄を心がけてコツコツ貯めるようなところも持ち合わせています。**クレジットカードの使用には限度を設けるなど、自分を上手に律することで出費を抑えれば、きちんとお金を貯めることができるでしょう**。得意の情報収集力が生きる運用などはおすすめ。

◆ 落とし穴 ◆

温情から大金を人に貸してしまい、返済されずトラブルになったりすることも。カッコつけて部下や後輩におごりがちなので限度を設けて。クレジットカードの使用もほどほどにしましょう。

幸せの鍵

周囲のことは気にしすぎず、ポジティブ思考で笑顔を見せて

　職場でも友人関係でもご近所付き合いでも、理想の自分を追い続け、周りへも人一倍気を遣う黒ひょう。常に気を張り、なかなか気持ちの休まる暇がありません。周囲の会話を、自分の噂話なのではないかと疑心暗鬼になってしまうことも。細かいことは気にせず、もっと堂々とあなたらしく、自然体で振る舞うようにすると生きやすくなります。**取り越し苦労も多いので、「黒ひょう＝苦労性」と言われないように、ポジティブになって明るい笑顔を振りまいてください。**不安が募ったときは「心配事の９割は起こらない」と言い聞かせましょう。スマートな自分であるために努力し続ける姿勢は素晴らしいものですが、時には肩の力を抜くことが大切。何でも聞いてくれる友達がいると救われます。

◆ 人間関係のポイント ◆

　社交的で人付き合いが上手なので、周囲から愛されますが、付き合いが長くなるほど相手に批判的になる点に注意しましょう。面倒見の良さと粘り強さが、人脈をさらに広げていきます。

黒ひょう

克服すべきウィークポイント

心に余裕を持つとさらに信頼されるリーダーに

　細かいところに気がつくのはあなたの強みですが、それを相手に指摘したり指図したりするのはやめましょう。「小さな親切、大きなお世話」と思われてしまいますから、お節介もほどほどに。もともとリーダシップがあってみんなから担ぎ上げられる人なのですから、心に余裕を持って人と接するようにすれば、さらに大きな信頼を寄せられるようになります。

　自分の思い通りにならないと、感情が顔に出てしまうタイプなので、周囲の人を不快にしないよう、注意を払うと良いですね。会話に無理やり入り込むのも控えて、人の話に耳を傾けることも覚えましょう。自分中心に生きていると、敵を作ってしまうかも。心に余裕を持って、自分も相手も大切に。

⑤ 面倒見のいい黒ひょう

ラッキーアイテム **iPod**

誰に対しても優しい、スタイリッシュな楽天家

　身のこなしは洗練されていますが、細かなことは気にしないのびのびとした性格。義理人情に厚いので、困っている人を見ると放ってはおけません。やや上から目線の傾向はありますが、それは責任感とプライドによるもの。黒ひょうの中では夢を追うよりも地に足をつけて現実を直視する生き方を選びます。多少の困難には屈しない、強い信念とプライドの持ち主。孤独にも強く、逆境で力を発揮する独立心旺盛なタイプです。恋愛をすると盲目になり、暴走する一面も。

㊹ 情熱的な黒ひょう

ラッキーアイテム **タブレット**

パッションと哀愁(あいしゅう)が共存する魔性の人

　あらゆることに熱心に取り組むリーダータイプ。気さくでソフトな人あたりながら、内に秘めた情熱は誰にも負けません。勝気と思われることもありますが、本当は涙もろい寂しがり屋さん。独特の鋭い感性は、芸術の分野で大いに活かされるでしょう。人と同じ生き方には興味がないので、自分の道を歩みます。異性の心を虜にする魔性の持ち主でもあります。感情が爆発すると自分でもコントロール不能になり、不可解な行動をとって周囲を驚かせてしまうことも。

㊿ 落ち込みの激しい黒ひょう

ラッキーアイテム **サングラス**

気まぐれな中に芯の強さが光る繊細な努力家

「センチメンタル・ブラックパンサー」という素敵な英名を持つ黒ひょうは、大人っぽく穏やかな雰囲気の持ち主。繊細で母性愛にあふれた献身的な生き方をします。頭も良く、機転もきくので物事を素早く理解。饒舌(じょうぜつ)さと巧みな表現力は、人を惹きつける魅力にあふれています。温和な中にも自分の意志を曲げない強さがあり、時に強情な一面を見せます。フレキシブルな考え方が得意なので順応性は抜群ですが、やや気まぐれなところも。ひらめき重視で美意識も高い人。

53 感情豊かな黒ひょう

ラッキーアイテム　スマートフォン

子どものような純真さと深い情緒を持つ自由人

　遊ぶことや食べることが大好きな、子どものように素直な感受性を宿した人気者。情にもろい、ピュアな人間性の持ち主です。頭の回転が速く、何事も上手くこなせる器用さと、自分の失敗を認めてひたむきに努力する素直さがあります。趣味も多く、幅広い分野で才能を発揮。趣味や遊びを通して知り合う友達も多く、みんなのリーダー的存在に。やや線の細い、情緒的な雰囲気も魅力の一つ。執着心がないので、逆にツキに恵まれます。実は内心の好き嫌いはハッキリ。

56 気どらない黒ひょう

ラッキーアイテム　香水

義理人情に厚く、堅実に生きる公平な人

　打算的なところがなく、義理人情で生きる人格者。誰に対しても公平、誠実に接します。包容力もありますが、自分の世界に踏み込まれることは好まず一線を引くタイプ。お金は使うより貯めることに興味があり、チャラチャラせずに堅実に蓄財しますが、ケチという印象は持たせないレアな存在。仕事熱心で、職場での信頼も抜群です。根性があるので、夢に向かって突き進むでしょう。人懐っこい性格は、誰からも好かれます。恋に落ちるとかなり大胆に変身。

黒ひょう

59 束縛を嫌う黒ひょう

ラッキーアイテム　ボディローション

軽率さとは無縁。密かに努力を重ねる夢追い人

　穏やかで礼儀正しい印象ですが、一切の束縛を嫌がる自由人。誰に語るでもなく、自分の夢に向かって着々と努力を重ねる不言実行の人で、いざというときの行動力は見事です。相手の心理を見抜く能力にも長けています。ただ、自分の直感を信じるタイプなので、客観的な判断は苦手。軽はずみなこととは無縁ですが、勝手な夢物語を作るようなところもあります。日本は窮屈なので、将来は海外で暮らしたいという野望を持ち合わせた、非日常を愛する旅人。

ライオン

Lion

王者の風格と華やかさを兼ね備えた、実は甘えん坊の完璧主義者

KEY WORDS

- ●百獣の王らしい風格とプライドがある
- ●「我が子を谷底へ突き落す」厳しさを持つ
- ●見た目は派手。装飾品も大好き
- ●世間体が気になる
- ●何事も徹底的にこだわる
- ●感情の起伏が激しい

- ●細かい計算や数字は苦手
- ●特定の人の前では甘えん坊
- ●年上の人に憧れる
- ●VIP待遇や特別扱いに弱い
- ●その道のプロフェッショナルを目指す
- ●礼儀・礼節には厳しい

基本性格

　動物界の頂点に君臨する百獣の王・ライオン。人間も同様に、ライオンの人は大物らしい風格と華やかさを持ち合わせています。物事には徹底的にこだわり、完璧主義で妥協を許しません。**実行力と社交性があり、上下関係や礼儀も大切にするので信頼されます。**

　一見近寄りがたい雰囲気で人に厳しい一面も見られますが、実はナイーブで繊細なハートを持っていて意外とシャイ。あまり親しくない人に対しては、やや上から目線で接しますが、親しい人の前では甘えん坊になります。わがままを言っても愛らしさがあるので許される得なタイプ。生粋のボスらしく、VIP待遇などわかりやすく特別扱いされるのも大好き。

　服装も隙がなく、いかにもエリート・敏腕といった風情を醸し出します。男性は、上着の胸にポケットチーフを入れているようなおしゃれな人が多く、女性はショールやスカーフが似合うタイプ。オーデコロンや香水も欠かせません。

　一見、隙がなく完璧なライオンですが、外でほとんどのエネルギーを放出しきっているため、家では完全にオフモード。家の中と外とのギャップは12キャラ中、一位です。

ライオン

ラッキーアイテム

- ●ティアラ　●ネイル
- ●ポケットチーフ　●ピアノ
- ●オーデコロン　●万年筆
- ●ホテル　●ブランドの時計
- ●クレジットカード
- ●ステーキ

このキャラクターの攻略法

王様扱いに弱いので、とにかくおだてて褒めまくりましょう。話題も当然ライオン中心に。機嫌のいいときと悪いときの落差が激しいので、少しでも機嫌が悪いと感じたら、その日は退散。上機嫌のときは、満足するまで付き合ってあげましょう。

仕事には一切の妥協なし。
優秀で頼れる職場のボス

　エネルギッシュに仕事をこなすため、職場での大物感と存在感は抜群。指導力と実行力があり、どんな仕事もそつなくこなせます。ミスも少ないので職場での評判も上々。逆境にくじけないタフな精神性を持った、みんなに慕われる職場の熱きリーダーです。**完璧主義者ゆえに細かなところまでよく気がつくので、文字校正や商品のチェックなどを任せたら敵(かな)う人はいないでしょう。** 取引先などの接待も、持ち前の社交性を発揮してバッチリこなせます。

　王者らしく権威を重んじるライオンは、上司には従順な反面、部下には手厳しい態度をとり、怖がられてしまうことも。面倒見は良いので、懐(ふところ)に飛び込むような気持ちでぶつかってきた相手のことは可愛がります。人の能力を引き出すのも得意。

◆ **適職** ◆

- ●官僚　●政治家　●警察官　●自衛官　●大学教授　●政治家　●スポーツ選手
- ●小説家　●エディター　●建築家　●マスコミ　●広告代理店　●外資系企業
- ●役員秘書　●医師

 # 他人に厳しすぎる面は抑えるとともに
生活習慣の見直しを

　周囲には完璧を求めますが、自分にはちょっと甘いところがあるライオンは、健康管理を怠(おこた)りがち。そもそも、**規則正しい生活や適度な運動といったことが苦手で、睡眠時間や健康的な食事などもあまり意識しないタイプです。** 健康診断ではいくつかひっかかる項目があったりするので、日ごろから健康を意識して生活しましょう。週に一回ほどジムに通ったり、車に乗る代わりに歩いてみたりと、気分転換のつもりで、できることから生活に取り入れてみると良いでしょう。

　また、他人への厳しさはストレスのもとになるので、寛容さを大切に。人それぞれのペースや価値観があるのだということを理解すると、イライラすることが少なくなるでしょう。

恋愛

警戒心が強く恋へのハードルは高め。心奪われたら決壊したダムのよう

　明るくさわやかな印象を持たれる社交家なのでモテます。お高くとまっているように思われることもありますが、恋には興味津々。**用心深く、プライドの高さとデリケートさを持つので、相手はしっかりと見極めますが、ひとたび恋に落ちると盲目になります。**また、心を開くにつれ、甘えたりいばったりと、無防備な自分をさらけ出すように。ほかでは出さない特別な顔を恋人にだけ見せます。

　女性はどちらかと言うと少し離れた年上がしっくりくるタイプ。同年代の男性には見せないような可愛らしい態度で甘えます。世話好きな一面を生かせば、年下男子とも相性は良好。男性は一途な恋愛をします。素直な自分を受け入れてほしいと願い、心の鎧を外して相手と向き合うでしょう。

◆ LOVE&SEX ◆

男 百獣の王だけに精力抜群。飽きることなく情熱を傾けます。反応されると喜んでますます情熱的に。

女 非常にタフで、リードをしたがります。マンネリは許さず、刺激的な新しいテクニックを創造するのも得意。

ライオン

 結婚

難関をクリアした相手を一生かけて大切にする

　恋愛でも石橋を叩いて渡るタイプのライオンは、一生連れそう結婚となると、さらに慎重になります。トータルで高得点の相手でないと、結婚相手の候補にすらしません。ただ結婚してしまえば、しっかりと家庭を支える頼もしい存在に。**特に男性は、一生をかけてパートナーを大事にしようという強い決心と誠実さが結婚生活の原動力となります。**月に一度の贅沢があれば、不平不満もなし。ステップアップしていく自分たちを夢に描き、人生を楽しむことができます。

　見栄っ張りのライオンらしく、素敵な結婚生活を見せたいという思いは強め。会社の同僚などを家に招いたときなどは、最大限のおもてなしで倖せな家庭を自慢するようなおちゃめなところがあります。

◆ 相性の良いパートナー ◆

男性は控えめで家庭的な人がタイプで、女性は安定した生活力を持ったしっかり者を望みます。思い通りにいかないと気が済まないライオンを包み込んでくれる、懐の深い人と好相性。

子育て

厳しい英才教育で
強く賢い子を育てるのが生きがい

「我が子を谷底へ突き落とす」と言われる野生の
ライオンは、崖から落とされても這い上がってく
るたくましい子どもに特別な愛情を注ぎます。そ
の性質を持っている**ライオンの人にとっては、と
にかく強く、賢い子どもを育てるのが生きがいで
あり愛情の証**。世間体をとても大事にするので、
子どもの教育には熱心です。躾(しつけ)に厳しく、早いう
ちから英才教育に乗り出すでしょう。その熱い姿
勢が過ぎてしまうと、遊びたい盛りの子どもと衝
突することも。

　ライオンの子どもがそんな親の性質を見抜き、
うまく立ち回るようにすればいつでも上機嫌でいら
れますが、完璧主義もほどほどに、少し肩の力を
抜くようにするとお互いに幸福感が増すでしょう。

お金

細かいお金の計算は大嫌い。
王者の風格でどんぶり勘定

　お金のことを話すのは王者の品位に関わると思っており、お金に執着する様子
は一切見せません。細かな数字や計算も苦手なので、多めに払うような気前の良
さも目立ちます。ただ、意外と金銭感覚はしっかりしていて堅実。ルーズなこと
が嫌いなので、信用できない人には一切お金を貸さない厳しさがあります。

　キャッシュレス時代到来の前から、**支払いはスマートなクレジットカード派が
多数**。質の良いブランド物の財布の中は必要最低限のキャッシュとカードのみと
いう潔い人が多いでしょう。ポイントカードには興味がないので、一切持ち歩き
ません。小銭がかさばるのも嫌いなので、「お釣りはとっておいて」が日課。また、
人柄や能力が認められることで金運が波に乗るタイプです。

◆ 落とし穴 ◆

高額商品やブランド品こそステイタスという価値観につけ込まれ、失敗することも。相手が悪
人であれば大損する危険もあるため、大きな買い物は一旦踏みとどまる癖をつけましょう。

成功者のオーラを浴びるのが開運の鍵

幸せの鍵

平凡な人生で終わりたくない、成功して周囲をあっと驚かせたいという野望を常に抱いているライオン。コツコツと地道に努力を重ねることで着実に夢に近づいていけますが、既に成功している人や夢を実現した人との交流を深め、刺激を浴びることで一気に運が開けます。成功者同士はつながっているものなので、人脈が広がれば、人生の幅も可能性も大きく広がっていくはず。**持ち前の社交性を発揮して、自己投資だと思って時間とお金を投じることは、必ずあなたのステージアップに役立ちます。**

また、何事においても細かなことを気にしすぎない姿勢が開運のポイント。心に余裕ができ、それが自信となって人にも優しく接することができるでしょう。

◆ 人間関係のポイント ◆

面倒見が良い親分タイプで信頼されますが、人に厳しすぎる面もあるため、もう少し器を大きくすると人脈が広がります。人にはそれぞれペースがあることを理解しましょう。

ライオン

克服すべきウィークポイント

格下は相手にしないワンマン体質を封印すると魅力が倍増

ボス体質のライオンは、上司や先輩など自分より格上の人の言うことはよく聞きますが、格下の人は無視してしまう傾向が。まるで存在していないかのように振る舞ってしまうことすらあるので、目下の人のこともきちんと配慮することが大切です。百獣の王らしく自分を貫くあまり、他人の意見や忠告など耳が痛いことは避けて通ろうとするところにも注意を。謙虚な姿勢が身につくと周囲からの評価もガラリと変わるでしょう。

ノッているときとそうでないとき、威張るときと甘えるときのギャップがあなたの魅力ではありますが、感情をコントロールできるようになれば人間的魅力がもっと増します。「短気は損気」と言い聞かせて大らかに。

51 我が道を行くライオン

ラッキーアイテム **外国製の地球儀**

自分の美学に忠実に、信じた道を突き進む王者

　強い信念と負けん気で信じた道をひた走る絶対王者。一度決めた意志は揺らぎません。真面目で熱心な姿勢は高く評価されますが、周囲に気を遣ったり話を合わせたりするのが苦手なので、組織で生きるのは窮屈かも。独立の道を選んだ方が成功する可能性は大きいでしょう。運にも恵まれているので、よき指導者に出会えればビジネスを発展させられる可能性は大。唯我独尊タイプですが、何でも相談できる存在がいれば心が安らぎます。恋愛だけは相手の影響を強く受けます。

52 統率力のあるライオン

ラッキーアイテム **上質なシャンプー**

誰でも虜にしてしまう抜群の社交術の持ち主

　いつの間にか自然とグループのリーダーになってしまう統率力が強み。優雅で明るく、人の気を逸らさないコミュニケーション能力を最大の武器に、特にビジネスの世界で活躍。仕事を通じて人脈を広げ、それを頼ってまた人が集まってくるという好循環を生み出します。よく気がつくので、有能なセクレタリーとしての素質もあります。お金もどんどん入ってきますが、出ていくことも多いので蓄財は苦手。明るくて恋愛体質ですが、家庭に収まる気はありません。

57 感情的なライオン

ラッキーアイテム　貴金属

エモーショナルで人情味の厚い感動屋

　人を疑うことを知らない純粋なハートの持ち主。情緒豊かで涙もろく、何に対してもすぐに感動してしまいます。普段は自分を抑えている分、それが限界に達すると名前の通り感情が爆発することもありますが、後に引くことはなくサッパリ。本来はシャイで繊細ですが、それを悟られたくないのでつい強がってしまうところがあります。グズグズしているのが大嫌いで、思い立ったら即行動の瞬発力は見事。困難にぶつかっても、屈することなく乗り越えていく根性があります。

ライオン

58 傷つきやすいライオン

ラッキーアイテム　フランス製の香水

プライドと繊細さが同居する、心優しき王様

　百獣の王の名にふさわしい、堂々とした風格と気品あふれる紳士淑女。自分にも他人にも厳しく、妥協は許しません。やや堅苦しい雰囲気はありながらも、自然と注目され、人が集まってくる存在ですが、プライドが高く、自分から進んで人の輪に入ることはないタイプ。また、常識や世間体を気にして、とことんみっともないことを嫌う潔癖なところもあります。窮屈な生き方をしているように見えますが、本人はこの生き方を改める気もなく、居心地良く感じています。

虎 Tiger

「世のため、人のため」が合言葉。
博愛精神の強いバランサー

KEY WORDS

- 小さいころから経営者感覚
- 面倒見が良く、頼られると放っておけない
- 笑いながらストレートに本音を言う
- 自分は直球だが、相手の言い方は気にする
- バランス感覚抜群
- 全体像を掴んでから取り組みたい

- 縄張り意識が強く、生活圏を大事にする
- お腹が空くと機嫌が悪くなる
- さりげなく計算高い
- 即断即決はしない
- カラフルなファッションが好き
- バッグをたくさん持っている

基本性格

　悠然とした雰囲気の中に、主導力、責任感の強さ、知性、組織を
まとめ上げる力などをバランス良く併せ持つ親分肌。自由を愛する
前向きな自信家です。**抜群のバランス感覚で人間関係を構築できる
上に、マナーや礼儀も身についている、根っからの組織人**。有言実
行で約束は絶対に守るので、周囲からの信頼度は抜群です。

　プライドが高く、頑固で思い込みの激しい面もありますが、面倒
見が良くて優しい気配り上手。博愛精神の持ち主で情が深く、人間
的な温かみがあるので周りから好かれます。男性は「兄貴」、女性
は「姉御」と慕われるような人が多いでしょう。**恩は借りっぱなし
にせず、必ず返そうとする義理堅いところも魅力**です。

　ただ、自分に厳しい分、他人にも厳しいので、周囲は中途半端な
気持ちでは虎と付き合うことはできません。常に白黒をハッキリさ
せたがり、笑いながらキツい言葉を発するような一面も。

　思い付きで行動することはなく、常に計画通り、着実に動きます。
全部自分で把握しておきたいという思いが強く、突発的なトラブル
でパニックに陥ることも。何でも自分でやらないと気が済まない器
用貧乏な面も目立ちます。空腹時は機嫌が悪いので要注意。

虎

ラッキーアイテム

●手帳　●スケジュール帳

●傘　●バッグ　●靴

●サングラス　●化粧品

●お酒　●電子マネー

●財布　●神社のお札

このキャラクターの攻略法

誰に対しても「公平・平等」が
モットーなので、相手の地位や
立場などでは動きません。人間
力で勝負しましょう。親しい間
柄でも口の利き方には厳しいの
で、細心の注意を払って。空腹
時は不機嫌なので、食事しなが
ら商談するのがベスト。

仕事

全方位から慕われる有能さ。
独裁者になりがちな点に要注意

　天性のバランス感覚と器用さを活かしながら、持ち前の根性で仕事をやり遂げます。スピード感より理論とこだわり重視。どの分野でも優秀な仕事ぶりを見せるため、周囲からは大いに頼られます。面倒見も良いので、職場では全方位から慕われるでしょう。ただ、12キャラ中、最も主導権を握りやすいだけに、自分が正しいと思ったことは絶対曲げず、異論を受け付けない頑固な面も。

　無駄が嫌いで、きちんと計画を立てて効率的に仕事を処理したいタイプ。期日をきちんと守る姿勢は社内外から高評価ですが、器用貧乏なので何でも自分でやろうとし、仕事を抱え込んでしまうこともあります。オンとオフの区別は明確で、オフのときは仕事の話は一切しません。

◆ **適職** ◆

●実業家　●会計士　●看護師　●CA　●TVディレクター　●俳優　●声優　●美容家
●獣医　●スポーツ選手　●ゲームクリエイター　●ミュージシャン　●カラーコーディネーター
●芸人

 健康

スポーツは日常の一部。
ストイックに鍛えて健康増進

　身体を動かすことが大好きな虎にとって、スポーツは日常の一部。体力の限界に挑戦するのも、自分の可能性を知るための大切なトレーニングの一つという意識で取り組みます。バランス重視の虎らしく、全身運動が求められるものが特に好み。登山、スキー、水泳、テニスなどに精を出します。日々筋トレにも励んでいるので筋肉は硬めで、痩せ型というよりはがっちりしたタイプが多いかもしれません。

　体重、体脂肪、血糖値、血圧などの数値もしっかりとチェックしているので、自身の体調の異変にはすぐに気がつきます。今後も大切な体への関心を高く持って、しっかり向き合う姿勢をキープし、こまめにメンテナンスを。

恋愛
時に怨念に変わるほどの情熱で
愛する人に心から奉仕

「よく学び、よく遊ぶ」を体現する虎は、しっかり働く分、遊ぶのも大好き。恋愛にも積極的で、人生を向上させるために恋をしたいと常に思っています。男女とも、しっかり者の頼れる雰囲気が異性には魅力的に映るでしょう。

　自分が先に好きにならない限り、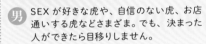相手からモーションをかけられてもなびかない硬派なタイプですが、恋愛のスイッチが入ったら一転、周囲が見えないくらい没頭。愛する相手に精神的に深く尽くします。特に女性は大切なものを投げ打ってでも相手のもとへ突き進むような激しさを見せます。想いが強い分、裏切られたときの執念はすさまじく、100倍返しする危険性も。男性は、自分を信頼し、尊敬してくれる相手にメロメロ。心から大事にするでしょう。

◆ LOVE&SEX ◆

男 SEXが好きな虎や、自信のない虎、お店通いする虎などさまざま。でも、決まった人ができたら目移りしません。

女 誠実に尽くされ、心身ともに結ばれる、長時間かつ頻繁なSEXを求めます。ただ、忙しいときは一切お断り。

虎

 結婚
結婚後も友達のように仲良し。
役割分担して仕事と家庭を両立

　責任感が強い虎は、結婚後も誠意を持ってパートナーを大事にします。結婚しても仕事と家庭を配分良く両立させたい派。夫婦それぞれでしっかり役割分担をして、不公平さを排除します。結婚後も友達のようなカップルでいるのが理想で、週末や休暇は遊びの予定を入れてしっかりエンジョイ。バランス感覚の良さを生かし、仕事に励む平日からの見事な切り替えを見せます。

　マイホーム主義で、毎月家賃でお金が消えていくのは残念に思うタイプ。きちんと計算しながら早いうちに自分の家を持つという夢を実現させる人が多めです。経済観念が発達しているので、夢のために倹約するのは苦にならず、夫婦で協力し合ってお金を貯めていくでしょう。

◆ 相性の良いパートナー ◆

理性的で合理的な考え方ができて、筋が通っており、自信や正義感にあふれる堂々とした人が好み。権威のある人、専門の技術や知識を持った人とも相性◎。

子育て　大事にしつつも干渉しない、適度な距離感でお互いにストレスフリー

　バランス感覚の良さを子育てでも発揮。子ども
をとても大事にしますが、猫っ可愛がりをするよ
うなことはなく、あくまでしっかり自立できるよ
うに手助けするというスタンスをとります。仕事
や家事と折り合いをつけながら、子どもとの時間
もしっかり確保。休みの日は家族と過ごす時間を
大事にするでしょう。ただ、仕事と育児のバラン
スが崩れるとイラつきがちになる点には要注意。

子どもを信頼しているので、むやみにプライ
ベートに立ち入るようなこともなく、それが子ど
もたちにとって最高の環境を生み出します。信
頼されていると感じた子がその信頼に応えようと
し、隠し事もしなくなるなど良い循環に。博愛精
神が強いため、他人の子を叱ることも。

- -

お金　「マネーの虎」と言うだけあり、お金にはとても敏感でシビア

　お金の大切さを実感していて執着は強め。人生の目標に向かってしっかり貯蓄
していくタイプです。計算能力にも長けていて、すばやい損得勘定も得意。ただ
決してケチというわけではなく、使うときには豪快に出費します。貯める、払う
というトータルな金銭感覚は12動物中、最もノーマルで平均的。働いたら貯めて、
使って……という配分は見事で、極端な偏（かたよ）りは見せません。
　給料などは自分が提供した時間と能力の結果であると思っているので、正当に
評価されないと一気にモチベーションダウン。また、お金は人間性を映すと考え
ているので、金銭面でルーズな人は相手にしません。購入したものが気に入らな
かった際には返品するなど、お金に絡むことには一貫してシビア。

◆ 落とし穴 ◆

　損得勘定抜きには物事を考えられないので、大きな失敗をすることは少ないでしょう。ただ、
後輩から頼まれると太っ腹から散財してしまうこともしばしば。

自由・平等・博愛主義を軸に、信じる道を突き進もう

　裏表がなく、誰に対しても対等に接することができる虎は、人に媚びたり忖度したりすることもなく、自分の本音に正直な生き方をしています。しかし、その堂々たる生き方は会社や組織から理解されないこともしばしば。それが自身のストレスの元凶となってしまうこともあるでしょう。

　自由・平等・博愛の精神を持ち、優秀で人望もあるあなたは、社会に貢献できる人。狭い社会の中で心無い言葉をかけられることがあったら、そのことを思い出し、自分の信じる道を突き進む強さを持つことが幸運につながります。困っている人を見ると放っておけない優しさや、強い者に立ち向かっていく勇気を自分自身で肯定することができれば、外野の声に惑わされなくなります。

◆　人間関係のポイント　◆

基本的には相手に誠実で、人によく尽くす面倒見の良さは大きな魅力。常に柔軟性と客観性を保ち、謙虚さを忘れず相手を尊重すると対人面はより安定します。

虎

克服すべきウィークポイント

独りよがりな態度を改めれば、持ち前のバランス感覚がもっと輝く

　虎は、自分よりも他人に厳しい目を向けがちなのが難点。人からの言葉を気にする反面、自分は人にキツい物言いをしてしまうところがあります。また、物事のけじめが曖昧で、公私混同して周りから疎まれてしまう場面も。理知的なところと高いプライド、頑固さもあいまって、敵を作ることも多いでしょう。思い込みの激しさゆ

えに、自分の意見への反論はムキになって認めないことも。もともとバランス感覚に優れた人なので、独りよがりな考え方に注意すれば、より生きやすくなります。
　また、一度決めたことは徹底してやり遂げる根性がありますが、夢や目標の実現にはよき協力者が必要。相手の意見にも真摯に耳を傾けると可能性が広がります。

⑥ 愛情あふれる虎

ラッキーアイテム ショートパンツ

分け隔てない愛を注ぎ、周囲を虜にする大物気質

　気取ったところがなく、飾らずありのままの自分をさらけだす人情家。ゆったりとした雰囲気が大物感を漂わせる、一目置かれる存在です。あふれる愛情で周囲の人を包み込み、メロメロにするでしょう。精神的にも肉体的にもタフな楽天家です。ソフトな人当たりですが、プライドはしっかり持っており、頭脳も明晰。時々キツい一言を言うこともありますが、それは愛情の裏返しです。人に合わせる場面も多々ありますが、それによって相手を恨めしく思ったりはしません。

㊸ 動きまわる虎

ラッキーアイテム サングラス

猛烈に自分の世界を作り上げていくインテリ

　明るく無邪気、極度の負けず嫌い。自分の夢の実現を目指し、全力を尽くします。どんな辛いことも笑いながら乗り越えていくような芯の強さは見事。持って生まれた明るさで、困難に直面したときには底力を発揮します。マイペースながら細やかな神経と鋭い観察眼を持った知性派で、散らばった情報を整理するのが得意です。自然と周囲の人が力になってくれるような強運の持ち主でもあります。動きまわることで幸運を呼び込めるタイプですが、恋愛だけは受け身。

㊾ ゆったりとした悠然の虎

ラッキーアイテム ネイル

自然体でキャプテンチェアに座る自由な王者

　自由を愛し、自分らしく自然体で生きていきたいと願う楽天家。人見知りや媚びとは無縁、誰とでもフレンドリーに関わり、天性の包容力で相手と円満な関係を築きます。一方で、内に冷静さと知性を秘めるがゆえに、ちょっと冷たい印象を与えることも。また、全体を見回してプランニングするのが得意なので、歯車的な生き方は合いません。反骨心旺盛で、それをバネに戦い続ける理想高き人でもあり、狭い常識や世間体に縛られるのは苦手。常に海外生活を夢見ています。

54 楽天的な虎

ラッキーアイテム　**リップグロス**

異なる二面を併せ持つ、不思議な魅力のある存在

　平凡を愛する気取らなさが光る、優しくてポジティブな人。偏見なく公平なまなざしで物事を見つめることができます。虎の中では珍しく繊細なハートの持ち主。楽天的な性格と、ロマンチストな芸術家気質の二面性が不思議な魅力となり、人を惹きつけるでしょう。仕事人間には程遠く、感性と直感に従って自由に生きるのが理想。筋の通らないことは認めない頑固さがありますが、人よりも自分に厳しいタイプで、奉仕精神旺盛。人を優先しすぎて自分を見失わないよう注意。

55 パワフルな虎

ラッキーアイテム　**ネックレス**

堂々たる風格で存在感を放つ、正義感の塊

　高い理想に向かって全力で突進していくエネルギッシュな人。正義感が強く、どんな事態にも動じず正攻法で対応します。困っている人には手を差し伸べ、義理と人情を欠かすことはありません。理不尽なことは大嫌いなので、弱者を助けるために権力に反発することも。パワフルな人間力はみんなの憧れの的となり厚い人望を集めますが、自分を買いかぶりすぎて孤立しないよう注意しましょう。金銭運に恵まれていて、生涯を通じてお金に困ることはほとんどありません。

虎

60 慈悲深い虎

ラッキーアイテム　**カーアクセサリー**

母性愛や人類愛がベースの気高くピュアな人

　温和で誠実、細やかな気遣いが魅力。外見を含む純粋無垢（じゅんすいむく）な印象と、誰に対しても優しく尽くす姿勢は神々（こうごう）しさすら感じさせます。同性・異性ともに人気があり、特に目上の人から可愛がられます。勉強熱心で、学んだことを素直に実践しようとする努力家。また卓越したコミュニケーション能力の持ち主なので教育者にも向いており、その背中を多くの生徒や弟子が追うようになります。マイルドな人当たりですが、プライドは高く名誉を重んじるタイプ。頭の回転も速い人。

たぬき

3分類

☆☆
🌙
MOON

根拠のない自信と天然ボケが同居。
真面目で勤勉な愛されキャラ

KEY WORDS

- なんとなく周囲から一目置かれる
- 古いものが大好き。伝統や格式を大事にする
- 人間関係に気を配る
- 年配の人に可愛がられ、子どもに懐かれる
- 子どもの頃はおとなしい人が多い
- 物忘れが激しく、忘れ物も多い

- だまされやすい
- 行きつけのお店にばかり行く
- こじつけや語呂合わせが好き
- そばやパスタが大好物
- 天然ボケの人が多い
- 「はい、わかりました」と返事は天下一品

基本性格

　誠実で古風。経験と実績を重んじる保守派です。**文句を言わず、真面目に努力する勤勉さは大きな武器**。どんなことでも忍耐強くこなし、自分の番が回ってくるのをじっと待ち続ける根性の持ち主です。日本が大好きで、古いモノや伝統を愛します。

　和や秩序を大切にし、人を喜ばせることに生きがいを感じる気配り上手。**縁起物であるたぬきの置物のように、みんなから愛され、ただ居るだけで安心感を与えます**。礼儀正しく、上下関係を大事にする姿勢は、特に目上の人のウケ抜群。大いに可愛がられ、引き立てられることも多いでしょう。イヌ科の動物なので、ご主人様には忠実です。順応性があるので、お酒の席でも大活躍。幹事も得意で、予算内で完璧なお店を選びます。

　肝が据わっており、物事に動じない大物感があります。控えめな印象ですが、実はこだわりが強い負けず嫌いで、根拠のない自信があるのも特徴。理詰めなところは吉にも凶にもなり得ます。

　ちょっとボケていて忘れっぽいところがあるのはご愛嬌。化けるのが得意なたぬきらしく他のキャラに扮するのもお手のものですが、やや詰めが甘く、尻尾が出てしまう一面も。

たぬき

ラッキーアイテム

- ●腕時計　●和小物
- ●メガネ　●着物
- ●アンティーク小物
- ●ハット　●お箸
- ●時代劇　●古地図

このキャラクターの攻略法

人の評価が気になるので、褒められたり頼りにされたりすると舞い上がります。信頼を寄せてきた相手に対しては、決して裏切ることはありません。経験や経歴を誇らしく思っているので、興味深く話を聞いてあげてください。

仕事

真心あふれる職場の潤滑油。トークと愛嬌で成果を上げる

　丁寧で着実な仕事ぶりが評価される努力の人。目立つタイプではありませんが、温かく控えめな雰囲気で周囲の人たちから好感を持たれる職場の要です。上司の教えは忠実に守ろうと努力する素直さを武器に、**長年の積み重ねで信頼を勝ち取り、揺るぎないポジションを築きます。**トーク力と愛嬌は抜群で、特に接客やセールスで力を発揮。適応力があるのでクレーム処理も大の得意です。人を見る目も優れていて、人選で失敗することもまれでしょう。

　保守派なだけに、ついアナログな考え方に偏りがち。人と人との対話や真心こそが大切だという信念もあいまって、AIやロボットが活躍するIT時代には戸惑いを感じています。持ち前の順応力を生かせば、もっと可能性が広がるかも。

◆ **適職** ◆

●司会者　●アナウンサー　●心理カウンセラー　●教職員　●予備校講師　●弁護士　●小説家　●接客業　●コンサルタント　●政治家　●歴史研究家　●役者　●和菓子職人　●そば打ち職人

- -

 健康

近い距離でも車に頼りがち。意識を高く持って運動の習慣を

　家の中にいることが好きなうえ、ちょっとした外出時もすぐに車に乗ってしまうので、ほとんど歩かないたぬき。もう少し歩く習慣をつけるようにすれば、体力がつき、シェイプアップも期待できるでしょう。

　真面目で努力家な反面、三日坊主で終わりがちなところもあり、体づくりなどへの興味も低めです。**自宅でのストレッチや筋トレの習慣をつけると、健康的な体づくりに役立ちます。**雑食性で何でもよく食べるところも魅力の1つですが、そばやラーメンなど、手軽な麺類だけで食事を済ませてしまうことも多く、栄養が偏りがちなのでバランスを大切に。夜更かしするタイプですが、しっかり寝る時間を確保して十分な睡眠を。

恋愛

人当たりの良さが高じて、勘違いされてしまうことも

愛想の良さと穏やかさ、ちょっと天然ボケなところが愛される人です。当人も人間が大好きなので、性別問わず誰にでも親切に対応。友達以上、恋人未満の存在が多いのが特徴です。その優しさと無防備さゆえ、ときに勘違いされ、本人に悪気はなくても異性間のトラブルを招いてしまうことも。

好意を寄せてきた相手と次第に恋に発展していくことが多く、自分からはなかなか告白することができません。**男女ともにウブで不器用なタイプですが、頼られるのは大好きで、相手を支えたいという確かな思いを持っています。**愛嬌のある印象の割に、隠し持ったプライドは高め。洞察力が優れているので、相手を鋭く観察し、自分の出方を考えるような計算高いところもあります。

◆ LOVE&SEX ◆

 男 相手のリードに任せ、赤ちゃんのようにすべて委ねるタイプです。まれにストレスを爆発させて野獣になることも。

 女 心と心がやさしく触れ合うような SEX に倖せを感じます。相手の望みに応じるのも快感。

 結婚

古き良き日本の家庭が理想。穏やかで強固な関係を築く

たぬき

女性は情熱を持って仕事に臨む人、男性は自分を尊敬し、信頼してくれる人との結婚を望みます。結婚後はパートナーを大事にして理想の家庭を築く努力を惜しまないでしょう。古き良き時代の夫婦像が理想で、女性は夫に誠実に尽くす世話女房に。仕事との両立も問題なくこなしますが、どちらかというと家庭を守ることに集中するほうが向いているタイプと言えるでしょう。男性は頼れる夫となり、妻を全力で守ります。いざという時のために蓄財にも励みます。

派手な生活を好まないたぬきは、地道で倖せな結婚生活を送ります。衣食住が安定することでお互いの心に余裕が生まれ、大きなトラブルもなく穏やかで温かい毎日を過ごすことができるでしょう。

◆ 相性の良いパートナー ◆

男女ともに、誠実で良識ある人を選びます。男性は知的で繊細な奥ゆかしい人が好み。女性は社会的に実力のある紳士に惹かれます。

家族の喜ぶ顔を原動力に、分け隔てなく愛情を注ぐ

優しくて穏やかな子育てを実践するたぬき。兄弟姉妹がいる場合はそれぞれに平等に愛情を注ぐので、子どもはすくすくと育ちます。愛情の深さゆえについ過保護になってしまうこともありますが、**子どもの成長とともに親子の距離感もほど良いものになっていくでしょう。**また、勉強などを強要することはなく、自然と子どもが集中できるような環境を整えていきます。押し付けがましくなく信頼を寄せるその姿勢で、子どもの個性と才能を大いに引き出すことができるでしょう。

ママ友・パパ友とも上手に付き合える社交術を身につけているので、子育てのストレスはほかのキャラに比べると少なめ。ただ、我慢強いだけに負担を抱えすぎてしまうので、息抜きを大切に。

持って生まれた強い金運とビジネスの才覚で成功者に

お金に関しては積極的に口にすることは少ないので、一見無関心・無頓着にも見えますが、実は大好物。昔話の中で葉っぱをお金に変えてしまう技もあるたぬきだけに、商才があり、ビジネスの世界で成功するでしょう。

周囲が驚くような大きな買い物をすることもありますが、基本的に質素な生活を好むため物欲もあまりなく、愛着のあるものをずっと使い続けるのでお金は貯まりやすいタイプ。計画的にコツコツと蓄財するというよりも、なぜか困ったときにお金が入ってくるような金運の強さがあり、生涯を通して金銭的に困ることはありません。**お金は稼ぐよりも「何に使うか」が最大の関心事。世の中に役立つことに使いたいと願う、社会奉仕の精神を見せます。**

◆ 落とし穴 ◆

堅実ですが、友達から誘われてギャンブルにはまってしまうことも。大きく勝つといい気になって大金を失う可能性もあるので、確実でないものは避けるようにしましょう。

倖せの鍵

美しい社会奉仕の精神が自分のステージアップにつながる

　哲学的な思考を持つたぬきは、「自分は何のために生まれてきたんだろう？」「人はなぜ死ぬのか？」といった人間の根源的な問題に強い関心があります。特に「目に見えない世界」には興味津々。「波動」や「異次元」などへの探求心から、精神世界に夢中になることもあります。

　また、人の役に立つことを無上の喜びとしているので、**良好な人間関係を構築すること、笑顔で世の中を明るくすること、地域に貢献することなどを通じ、社会奉仕しようと命を燃やします**。その思いを持ち続ければ、あなた自身のステージも上がり、人生の質も向上していくことでしょう。昔のことに縛られて生きているようなところがあるので、思い切って不要な過去や人間関係は断捨離を。

◆　人間関係のポイント　◆

持ち前の誠実さを大切に、人それぞれの価値観を受け入れる柔軟性を持つと、より人付き合いがスムーズに。どの人が自分を助けてくれるのか打算的に観察する癖もほどほどにすると◎。

克服すべきウィークポイント

たぬき

嫌われることを恐れず、
自己主張も大切に

　全方位外交が基本で、誰に対しても優しく接するので気苦労が絶えません。「嫌われたくない」という思いからなかなか本音で話ができない態度は誤解を生むもとに。自分を理解してほしいと思うのであれば、時にはストレートに思いを伝えることも必要です。嫌われることを恐れず、「数より質」の人間関係を築くようにしましょう。

　どんな状況にも柔軟に対応できるのは一種の才能ですが、人の目にはそれが「優柔不断」と映ってしまうことも。ハッキリ自己主張することも覚えましょう。

　また、返事は軽快ですが、実行が伴わないことも多いので要注意。返事にふさわしい行動力を身につけることで、信頼も成果もつかみとれます。

② 社交家のたぬき

ラッキーアイテム | レターセット

ソフトで真面目。誰とでも仲良くなれる愛されキャラ

　初対面の人ともすぐに親しくなれる天性の社交術を駆使して人脈を広げていきます。細かなところまで気がつく観察眼も魅力の聞き上手。飾らない態度がチャーミングな、周囲から愛される存在です。自分の本音を出すことは滅多になく、時に周囲がそれを不思議がるほど。その類まれなる協調性は、決して敵を作らないという生き方と相まって、独特の世界観を作り上げています。理知的ですが割とのんきなタイプ。逆境にも強く、ひょうひょうと問題を解決してしまいます。

⑧ 磨き上げられたたぬき

ラッキーアイテム | 扇子

原石から宝石へと進化していく、鍛錬と努力の人

　愛想が良くて温和。自然と人が集まってくる不思議な魅力の持ち主です。何かと注目される存在で、いつのまにかスポットライトを浴びるような舞台に上がっていることも。たゆまぬ努力をする人なので、自分の中に秘められた才能や力を見つけてブラッシュアップしていけば、大きな成功を手にすることができるでしょう。真面目な自分といい加減な自分とのギャップに悩まされることもありますが、基本的には目上の人から可愛がられる優等生タイプ。実はデリケートで繊細。

41 大器晩成の たぬき

ラッキーアイテム **文庫本**

吸収力と根気強さで成功。大物感あふれる逸材

　高い吸収力と粘り強さを武器に、着実に実力を
つけていくことで開花する遅咲きの人。温かく控
えめな雰囲気と可愛らしい笑顔で人の心をつかみ
ます。誰からも好かれるソフトな物腰ですが、実
は内面は頑固で、考えを曲げない強い性格。組織
に属するより、流動的な人間関係の中で働くほう
が生き生きできるタイプです。友人に恵まれてい
るので、困ったときには助け船を出してもらえる
でしょう。また、理解してくれる先生や上司との
出会いで人生が好転。執着心はなく前向き。

47 人間味あふれる たぬき

ラッキーアイテム **和小物**

気配り上手で場を和ます、礼儀正しい調整役

　誠実・勤勉・忍耐がモットーの信頼感あふれる
人。場を和ませ、人間関係の摩擦を軽減する能力
は圧倒的です。自分の主張や願望はお腹の中にし
まって、笑顔で周囲の意見に耳を傾けるでしょう。
人間味あふれる人情家ですが、実は気性が激しく
短気な面も。自分を律する力が優れているので
荒々しい部分を表に出すことはありませんが、そ
の分、我慢やストレスを溜めこみがち。行き詰まっ
たときは大好きなひとり旅やドライブで気分転換
します。スピードの出し過ぎには注意。

子守熊
Koala
コ ア ラ

社交的でサービス精神旺盛。
相手に合わせた対応も得意な人気者

KEY WORDS

● 一見おとなしい人が多い

● 競争意識は強いが負け戦（いくさ）はしない

● ボーっとしている時間は至福

● 昼寝は好きだが、夜型

● 計算高く、疑り深い

● 毒舌で笑いをとる

● 常にロングスパンで考える

● 最悪のケースを考えてから行動する

● 終わったことを後からあれこれ悩む

● 下ネタOK

● 嘘がばれたときの言い訳がうまい

● 健康オタクで、温泉やサウナが好き

基本性格

　超長期展望型で、じっくりと作戦を練っていく慎重派。**常に最悪のケースを考えて念入りに準備し、「最後に笑うのは自分」を合言葉に駒を進めていく戦略家**です。自分に利益があるのであれば嫌いな人とも上手に付き合える器用さがあり、物事を上手に動かす才能に秀でています。優れた企画力も長所の一つ。

　社交的で、相手に合わせた対応ができるサービス精神の持ち主。人の心を見抜く能力も持ち合わせています。自分を売り込む術にも長けているため、交際範囲も幅広い人気者で、ウケや笑いを狙って下ネタや毒舌を振りまくことも得意な人が多いでしょう。ライバル意識は強いものの、負け戦はしない主義を貫きます。

　合理的なリアリストである反面、実は空想好きでロマンチストな一面も。のんびりと過ごす子守熊そのもののように、ぼーっと力を抜いて過ごす時間は必須です。温泉やサウナなどで癒される時間も子守熊にとって倖せなひととき。また省エネタイプなので無駄な動きはせず、常に手の届く範囲内にTVのリモコンや携帯電話、ペットボトル、ティッシュなどを置いておきます。「よいしょ」「どっこいしょ」が口癖。

ラッキーアイテム

- ●入浴剤　●アロマオイル
- ●枕　●ステッキ
- ●斜め掛けのカバン
- ●アイマスク　●カラオケ
- ●サプリメント　●健康食品

このキャラクターの攻略法

長期戦に強い子守熊には、先制攻撃が一番。結果的には自分に得があるとわかれば、提案を受け入れます。すぐに結論を出すタイプではないので、考える時間を与えましょう。相手のミスにつけ込むところがあるので、子守熊の前では慎重な行動を。

子守熊

長期的視野で戦略を練る、マルチに有能な慎重派

先見の明があり、ロングスパンで物事を考える知能派。スピード感より最終的な結果を重視し、多少時間はかかっても、自分のペースで着実に仕事をこなしていきます。体力勝負の仕事よりは頭脳を使う仕事に向いているタイプ。**アイディアマンなので、企画力に定評があります。クレーム処理などの対応も抜群。**また、お金の計算や予算管理などの総務・経理的な仕事にも適しています。

人の心理を見抜けるので、苦手な上司でもツボを押さえて攻略。仕切り上手なためリーダーとしての素質もあります。キツめの性格を抑えるようにすれば、一層キャリアアップの道が開けるでしょう。「給料は労働力の対価」という意識は強く、報酬が少ないとそれに見合った仕事しかしないというシビアな一面も見せます。

◆ 適職 ◆

- ●ミュージシャン ●作曲家 ●演奏家 ●薬剤師 ●アロマセラピスト ●小説家
- ●探検家 ●声優 ●アニメーター ●カイロプラクター ●フラダンサー ●脚本家
- ●放送作家 ●料理人 ●占い師

 # 体調管理には余念がない超のつく健康オタク

定期的に健康診断を受けるなど、自分の体調管理には余念がありません。**食事療法から始まり、ヨガやフィットネス、鍼灸、マッサージ、アロマ、温浴、サプリメントなど、身体に良いとされているものは幅広く取り入れるタイプ。**特にぶら下がり健康機は相性抜群です。

食事には気を遣いますが好き嫌いは激しめ。なるべくバランスの良い食生活を意識するとともに、足りない栄養素は健康食品で補うなど工夫すると良いでしょう。また、命の源である「ぼんやりする時間」はしっかり確保して心を休めることも大切です。そして睡眠不足は一番の大敵。寝具にこだわり、ユーカリオイルを1〜2滴垂らすとぐっすり眠れて良い体調をキープできます。

恋愛

おとなしく控えめな印象の中に
恋の炎を燃やす衝動タイプ

　頭の中ではいつも華やかな恋愛を空想していますが、現実は冷静。鋭い観察眼を活かし、疑い深さも発揮しながら、**受け身な姿勢で相手をじっくり見極めます。男性は大勢の場ではサービス精神旺盛でも、二人きりのときには大人しくなりがち。**スマートな生き方が似合う女性、ちょっと生意気で可愛らしい女性がタイプです。高い会話センスで異性を惹きつける女性は、シャイな文学青年が好み。特に子守熊（コアラ）の女性は、本気の恋愛をすると普段の冷静さが吹き飛び、衝動的になったり、スキャンダラスな関係すらいとわなかったりする情熱を秘めています。また、男女とも大声で怒鳴る人や脅かす人は大嫌いなので、一度でもそんな面を見せられると、即座に別れを選ぶでしょう。

◆ LOVE&SEX ◆

男 SEXの研究には余念がなく、各種フェチがあります。結婚相手は体の相性がいいことが条件。

女 くつろげるようなSEXが好き。1日中だらだらと楽しむようなシチュエーションを喜びます。

 結婚

ライフサイクルを踏まえた
安心の将来設計を展開

　結婚相手は遠い将来のことまで見据えて注意深く選びます。結婚後も、自分が思い描く理想の家庭像を守るための努力は惜しまないでしょう。かといって見栄を張ることはなく、地に足のついた生活を送ります。

　結婚後は夫婦共働きが基本。**金銭感覚にも優れたしっかり者なので、自分たちのライフサイクルを意識しながら家計を守ります。**今の贅沢よりも将来の安定を追求し、家計簿を丁寧に付けながら、生活費、ローンの返済、貯蓄などをやりくりするような几帳面さを見せるでしょう。

　女性好きな子守熊（コアラ）の男性は、結婚しても他の女性に目移りしたり、プロのお店に通ったりすることも。パートナーを傷つけないような誠実さを意識すると◎。

◆ 相性の良いパートナー ◆

金銭感覚のあるしっかりした人を信頼します。また、穏やかで感情の浮き沈みがなく、自分のペースに合わせてくれる人でなければ長続きしません。特に大声で怒鳴る人は×。

子守熊（コアラ）

「子守」熊というだけあって、子育ては得意中の得意

　いつも子どもを背中に背負っている動物の子守熊（こあら）のイメージ通り、子育ては得意で、過度なストレスを感じたりすることは少ないタイプ。**将来を見据えた教育方針を軸に、たっぷりのエネルギーと愛情を注ぎ、子どもを育てます。** ヒステリックに怒鳴ったりすることもないでしょう。

　子どもの才能を見抜き、何かに夢中になっているときは優しく見守るような姿勢がベースにあり、過度な受験競争に子どもを巻き込むこともありません。子どもの成長と発達に合わせた右脳教育などを理想としています。ただ慎重で心配性なので、ちょっとした不調ですぐ病院に連れていくなど、やや神経過敏になりがちなところも。自分が精神的に参らないよう、適度な大らかさを持って。

- -

先を見通す将来設計でコツコツ堅実に貯金

　若いうちから将来設計をし、20代のときにはすでに老後のことを考えるしっかり者です。仕事で引き立てられて財力をつける可能性も大。**経済観念は発達していて、無駄なものには一切出費せず、持ち物も長く愛用するなどお金を大事に使います。** ただケチではないので、自分が楽しめることや娯楽への投資は惜しまないなど、メリハリのある向き合い方をします。恋愛にハマると大赤字でも出費を抑えられなくなる一面があるので、上限を決めると◎。

　常に費用対効果を考えているので、同じ金額なら賃貸よりも長期ローンを組んで持ち家に住みたいと思うタイプ。長きに渡って価値が落ちない書画や骨とう品などを集めるのも好きです。寝ている間にお金が入る「夢の印税生活」が理想。

◆ 落とし穴 ◆

基本的には倹約家ですが、お金があると、ふわふわとわけのわからない使い方をしてしまうことがあるので要注意。またギャンブルの才覚はないので、控えたほうが安心です。

倖せの鍵
「100歳まで長生き」を合言葉に 充実のスローライフを

　将来的な展望さえしっかり見通せていれば、今、困難なことがあってもポジティブに乗り越えていける子守熊（コアラ）。むやみに他人を羨んだり、贅沢に憧れたりしないその姿勢が倖せにつながります。他人の評価やうまくいかないことはいちいち気にせず、自分のペースでスローライフを楽しむようにしましょう。「最後に笑うのは、自分だ」と言い聞かせて、自分の思い描く理想の人生を歩んでください。

　「人生100年時代」を迎えた今、子守熊（コアラ）の長期的展望は大いに人生をバックアップしてくれることでしょう。 定年後を見据えて、資格取得に励んだり、手に職をつけておいたりすることで、人生のステージが変わっても日々の潤いを保てます。「備えあれば憂いなし」の精神で、夢に向かって邁進（まいしん）しましょう。

◆ 人間関係のポイント ◆

忍耐力と客観的な視野を持ち、器を大きくしましょう。信頼できる人の意見を聞いたり、ワンランク上の人たちと付き合ったりすることで、もっと彩りのある人生を送れます。

克服すべきウィークポイント

空想だけで心を満たすのではなく、 現実世界にもしっかり目を向けて

　堅実な生活を送る子守熊（コアラ）ですが、どこか空想の中で生きているような非現実的なところがあるのも否めません。そのため、理想と現実のギャップに悩むことも多め。妄想の中で自由に羽ばたくのはストレス解消にもなるので大事にしてほしい習慣ですが、現実にもしっかり向き合ってバランスをとりましょう。

　また、夜更かしするタイプなので朝が苦手。遅刻癖は学校でも職場でもせっかくの評価を下げてしまいますので、早寝早起きを心がけましょう。

　そして他人からの忠告や助言は素直な気持ちで受け止めるようにしてください。言い訳が先に立ってしまうと、人から生意気だと思われかねません。

子守熊（コアラ）

4 フットワークの軽い子守熊（コ ア ラ） ラッキーアイテム ポシェット

可憐な明るさの奥に鋭いカンを秘めた努力家

社交的できびきびとした行動力が魅力の明るい人。夢見る乙女のような可憐なハートの持ち主ですが、物事に対するカンは鋭く、裏の裏まで読み取る才に長けています。理想を実現したいという意思は強く、どこへでもフットワーク軽く出かけて行く頑張り屋さんです。さっぱりした雰囲気ですが、実は猜疑心（さいぎしん）は強めで、心から信頼できる数少ない友人にしか本心を明かしません。感情の起伏が激しいところがあり、はしゃいでいるときと落ち込んでいるときは、別人のよう。

10 母性豊かな子守熊（コ ア ラ） ラッキーアイテム 入浴剤

ナチュラルな人柄と優しさで信頼される人情家

飾り気がなく世話好き。誰かが困っていたら放っておけない優しさで、周りの人たちを大切にする人情家です。物分かりの良さとあふれる母性で、特に年下から絶大な信頼を置かれるでしょう。行動のテンポは速く、論理的思考の持ち主ですが、超常現象には異常に興味を持ち、実際に霊的なものが見えたりと不思議な体験をする人も。音感にも優れ音楽的才能もあります。温厚な外見ですが神経質で競争心が強く、ストレートに物を言いすぎてしまうことも。

16 コアラのなかの子守熊（コ ア ラ） ラッキーアイテム アロマオイル

最もコアラらしいキング・オブ・コアラ

明るく素直で、誰に対しても気取ることなくソフトな印象。神経が細かく臆病なところもありますが、大きな志を持ち、その実現に向けて努力を惜しまないタフな人です。慎重で律儀な面と、楽天的で気まぐれな面の二面性があります。高い管理能力とのみこみの速さ、時間をかけて取り組む粘り強さで、長期的に物事を考え、最後に笑うのは自分と確信。好き嫌いは激しく、嫌いな相手は知らんぷりするドライさも。派手な生活は好まないので、自然とお金が貯まります。

33 活動的な子守熊（コアラ）

ラッキーアイテム　抱き枕

大らかさとシャープさを併せ持つ人気者

明るく大らかな性格で、自然と人を魅了。涙もろい人情派です。一方でカンは鋭く、時代を先取りすることに長けている勝負師の一面も。頭の回転が速く要領も良いので、周囲からは優秀な人という印象を持たれるでしょう。神経質で自分本位になりがちな点には要注意。多趣味で、それを通じて得た人脈も豊富。また、お金に執着はありませんが、なぜかツキがあるので金銭的には困りません。食にはこだわりがあるので、食材を選んで腕を振るう時間に倖せを感じます。

39 夢とロマンの子守熊（コアラ）

ラッキーアイテム　スケジュール帳

自然と自由を愛する永遠の夢追い人

豊かな感性と空想力で、哲学的な考え方をする個性派。常に夢とロマンを追いかけるチャレンジャーです。衝動的で気の短い面を意識して抑え、穏やかな人間関係を築く交際上手。また、スケジュールに追われる生活より、自分の思い描くスローライフの実践を重視する、確固たる自分軸の持ち主です。海への愛は人一倍強く、ビーチでボーっとしているときが至福の時間。将来は南の島でのんびり暮らすことを夢見ています。物事の本質を見抜く目の持ち主。

45 サービス精神旺盛な子守熊（コアラ）

ラッキーアイテム　パワーストーン

気品と教養あふれる高潔なロマンチスト

人の喜びが自分の喜びで、誰に対しても親切に対応する奉仕精神あふれる人。献身的な平和主義者で、争いのない人間関係を望みます。意外と現実的でお金にはシビアですが、気前が良く、後輩からも慕われます。使っただけ収入があるという金運の持ち主なので、金銭的に困ることはありません。直感やセンスに優れたロマンチストで、気品と教養も持ち合わせています。八方美人に思われがちですが、自分に厳しく、曲がったことは嫌いなので無条件に従うことはありません。

ゾウ

Elephant

スケールの大きさは No.1！
成功願望を内に秘める熱き職人

KEY WORDS

- 常に何かに打ち込んでいる
- 噂話には耳ダンボでも、目の前の人の話は聞かず
- どの道に進んでもプロを目指す
- 根回しが得意
- 自分よりも格上の相手には従順になる
- 大きく構えているようで実は小心者
- 徹夜してでも今日のうちにやり遂げたい
- 待たされるのが嫌いだが、待たせることは多い
- キレたときは破れかぶれになってしまう
- 「報・連・相」が苦手
- 束縛されたくない
- 金髪が好き

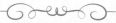

基本性格

　陸上で最も大きな動物であるゾウは、考え方も根性の座り方も、何もかもが規格外。**歴史を変えるようなスケールの大きなことをしたいという成功願望を常に持っています**。プライドが高く、リーダー志向も強烈。成功者の話は一言一言を噛みしめるように聞きますが、意味がないと思う話には全く興味を示しません。

　常に何かに打ち込んでいたいタイプのため、仕事熱心で、集中力抜群。**一つのことに傾ける情熱は熱く、また実際にその道の頂点を極められる強運の持ち主**です。「手抜き」や「妥協」の文字はその辞書にない、真のプロフェッショナルと言えるでしょう。徹夜もいとわず、石にかじりついてでもやり遂げようとする根性は見事。押しの強さもゾウならではで、正攻法で正面から堂々と立ち向かっていきます。ずば抜けた交渉力があるので、根回しもお手のもの。

　自己中心的で、他人に合わせることができない意固地なところが最大の難点で、時にスタンドプレーや問題発言も。キレたときの怖さは 12 キャラ中一番で、一瞬にして相手と関係を断ち切ることもあります。敵味方の区別が激しいので、敵には厳しいものの、身内はとことん可愛がる情の厚さを見せます。

ラッキーアイテム

- ゴルフクラブ　● ティアラ
- 花束　● 高級SUV
- サングラス
- パワーストーン
- ライトブルーの財布
- バーベル

このキャラクターの攻略法

正面から堂々と攻めてください。屈強なイメージがありますが、意外と繊細なハートの持ち主です。おだてられると弱いので、「スゴいですね〜」と上手に褒めちぎるのがポイント。上機嫌にさせてから商談に持ち込めば一発 OK。

ゾウ

仕事 圧倒的な集中力で
一気にやり遂げる情熱派

　責任感が強く、妥協を許さない職人気質です。**コンスタントに時間をかけて取り組むより、すさまじい集中力で一気に片づけたいタイプ**。「やるときはやる」の意気込みで、自分を追い込みます。臨機応変さは天下一品で、常に周囲の状況に合わせながら柔軟に取り組むことに長けています。トラブルやクレームには抜群の対応力を発揮。また一見穏やかですが、実はプライドが高く、内心では利害関係に考えを巡らせて根回しを行う策士（さくし）です。

　集中力に自信があるがゆえに、余裕を持って仕事をするという発想がなく、いつもスケジュールがギリギリになってしまうのが玉にキズ。また、成功願望が強いため、周りの意見を無視して暴走しがちな点にも注意すれば、さらに輝けるでしょう。

> ◆ **適職** ◆
>
> ●国家公務員　●政治家　●警察官　●消防士　●医師　●パイロット　●画商
> ●宇宙飛行士　●女優　●音楽家　●スポーツ選手　●科学者　●ネイリスト　●外科医
> ●通訳　●翻訳家　●イラストレーター

- -

 ## 健康 生まれつきの健康優良児だが、
メンタル面はこまめにケアを

　身体は丈夫な人が多いゾウですが、勉強や仕事などを徹夜してでも頑張ってしまったり、生活が不規則になったりすることで、急に熱を出したり寝込んだりしてしまうことがあります。**自分の体力を過信しすぎず、また自分を追い込みすぎず、できることは次の日に回して休む時間をしっかりとるようにしましょう**。食生活も雑になりがちなので改善を。ドカ食いや早食いは改め、規則正しい食生活を心がけてください。酒量が多くなりがちですが、深酒もほどほどに。

　また、メンタル面の不調から神経系の病気になりやすいので、あまり思い詰めないようにしてください。カッとなると血圧が急上昇するので、その点も注意。のびやかな気持ちを大切に。

恋愛

女性は女王様気質、
男性は少年のような奥手さ

　さばさばしていて度胸があるゾウの女性は同性にモテるタイプ。異性をその気にさせるのも得意ですが、合理的で堅実なので、きちんと人柄を知ってからでないと関係を進展させることはありません。好みは真面目でタフな人。**交際後は、自分だけを見つめ、自分だけを大切にすることを相手に望む女王様気質です。**

　プライドが高く慎重な男性は、恋する相手に「好き」の一言が言えずモヤモヤ。気を引こうとあの手この手で奮闘する様子はウブな少年のようです。ただ、ひとたび相手が好意を寄せてきたら、そこからは押しの一手で強気に出るでしょう。付き合うまではハリウッド映画のように女性をリードしますが、恋人になると途端にわがままになる一面も。意外と甘えん坊なので、年上の女性と相性◎。

◆ LOVE&SEX ◆

 普段本音を語らない分、SEXで相手への思いが爆発します。交際が深まるほど過激に。

 常に女王様な態度で、自分のことが最優先。奉仕精神のない人とのSEXはありえません。

結婚

結婚には意外と冷静で、
シビアに条件を見極める

　相手に求める条件は多く、結婚へのハードルはかなり高め。相手の人柄もさることながら、社会的評価が高くないと心がなびきません。いくら周囲から「時代錯誤（じだいさくご）」と言われても、出身校や家柄、勤務先などが気になるタイプです。

　感情の起伏が激しいので、パートナーとはケンカになりやすいと言えます。離婚がチラつくほど衝突する可能性もありますが、世間体を気にして思い留まる可能性大。**結婚してから3年間が正念場なので、ここを乗り切れば、その後は安定した家庭を築ける可能性が高まるでしょう。**女性は、結婚後は相手を操縦（そうじゅう）しつつ支えたいという思いを持ち、夫にも子どもにも厳しく接してワンランク上を目指させます。家庭に入るより、仕事と両立させる方が向いているタイプ。

◆ 相性の良いパートナー ◆

誰とでも仲良くするつもりはないので、親しくなれる人はごくわずか。家柄や人柄が良ければ文句なし。時間にルーズでいつも待たせる人にはキレます。

ゾウ

子育て　教育熱心な姿勢が
時に子どものプレッシャーに

　自分は子どもの頃、親に干渉されるのが嫌いで、自由に育ててもらいたかったにも関わらず、我が子にはついつい厳しい躾(しつけ)をしてしまうのがゾウ。立派な大人になってほしいという親心からくるものであるのはもちろんですが、特に女性は、自分の理想通りの子になってほしいという思いも強め。**親のメンツとプライドにこだわるあまり、子どもにプレッシャーを感じさせてしまうこともあります。**少し肩の力を抜くようにすれば、お互いにゆったりとした気持ちで過ごせるでしょう。ただ、子どもが成長するに従って次第に放任するようになっていくので、少しずつ自立できる環境が整っていきます。男性は古風で威厳がありますが、大らかなので子どもへの圧はないタイプ。

お金　小銭には興味なし。
大勝負に出て富豪を目指す

　堅実派なのでお金には厳しく、自然と節約しているようなところがあります。物欲もあまりないので、お金は貯まりやすいタイプと言えるでしょう。ただ、スケールの大きいゾウだけに、**コツコツ働いて貯蓄するという考えはなく、世界を股にかけて働いて成功し、大金を手にしたいという思いが軸。**「人生はギャンブル」と割り切る大胆な発想で、いざという時は大勝負に出ます。密かに長者番付に載りたいという野望も。

　また、人脈＝金脈と考えており、異業種交流会に熱心に顔を出したりしながら知り合いの輪を広げていくなど努力します。そのガッツで、サクセスストーリーの階段を駆け上っていく可能性も大いにあるでしょう。

◆ 落とし穴 ◆

　一攫千金を夢見るあまり、ギャンブルや投資で大損することも多いので注意しましょう。気が大きくなると最後まで突っ走ってしまうので、途中で止める勇気も必要。

謙虚さと相互信頼の姿勢で恵まれた資質を活かして

幸せの鍵

何かに集中したときは、周囲のものが目に入らなくなるくらいに没頭するゾウ。その類まれなる集中力を味方に、どんな方面に進んだとしても、その道のプロとして頭角を現すでしょう。また、**人の気を逸らさないコミュニケーション能力の高さは、社会的成功を手にするための武器となります**。面倒見が良いのでリーダーとしての資質もあります。組織では持ち前の政治的駆け引き術を駆使しながら、自分の派閥を作り、階段を上るように着実に出世していくことができるでしょう。

ただ、政治的な能力の高さは、裏を返せば敵も多いということ。身内をひいきする姿勢はほどほどに、謙虚さとお互いを信頼し合えるような姿勢を意識することで、より心地よい人間関係を築くことができるでしょう。

◆ 人間関係のポイント ◆

自分のことばかり考えていると、本来持っている運をなくします。相手を受け入れ、人と協力してこそ、目標や夢を実現することができるのです。謙虚さを持ちましょう。

克服すべきウィークポイント

心の余裕ですべてが好転。
短気に注意し、人の話にも耳を傾けよう

人に好かれようという意識を持たないゾウは、ひとりよがりな態度が目立ちます。興味のない話はわかりやすく遮断し、上の空だったり、他のことを考えていたり。特に長い話や耳の痛い話になると、耳をピタリと閉じてしまうので、会話が成立しません。相互理解の姿勢で、相手にも興味と優しさを持って対峙するようにすれば不要な摩擦が起こることはなくなります。

また、自分は人を待たせても、自分が待たされると烈火のごとく怒る態度も改めましょう。「短気は損気」と自分を戒め、カッとなったときでも感情を鎮められるように鍛錬を。感情を上手にコントロールできる心の余裕を持てば、心地良い毎日を送れます。

ゾウ

12 人気者のゾウ

ラッキーアイテム | バラの花束

柔軟な対応が得意。世渡り上手の愛されキャラ

　本音を相手にぶつけることはなく、器用に建前を使って相手に合わせられる社交家。組織の中をうまく泳ぎ回る世渡り上手です。仲間意識が強いので同僚からも人気がありますが、実はベタベタした関係は苦手。打たれ強く、挫折して倒れても何度でも立ち上がっていく根性は見事です。感度の良いアンテナを持っているので、世の中の風を読むことも得意。大きな耳で空を飛び回るダンボのように、のびやかに上昇気流に乗れれば、成功を手にすることができるでしょう。

18 デリケートなゾウ

ラッキーアイテム | トロフィー

ガラスのように繊細な心を持つ、大人びた優等生

　冷静で風格のある大人なタイプ。その毅然とした態度からは想像がつかないほど繊細なハートの持ち主ですが、誰にも負けないプライドの高さで決して弱音は吐きません。伝統やしきたりを重んじる常識的な保守派である一方、心の中では、人から注目されることに大きな快感を覚える一面も。利害関係にも敏感です。根性があるので、大きな目標を心に秘めて努力を惜しまなければ開運の扉が開くでしょう。さらに積極性が身につけば、大きく飛躍する可能性のある逸材。

㉛ リーダーとなるゾウ

ラッキーアイテム 観葉植物

豪快な印象の中に厳しさを宿す生粋(きっすい)のキャプテン

　正直で一本気な性格。努力を惜しまない真面目な性格で、金銭的にも恵まれた、生まれ持ってのリーダーです。ただ、自尊心の高さと一切の妥協を許さない姿勢ゆえに、自分だけでなく他人にも厳しくなりがち。また、自分の考えを曲げない頑固さも災いして、部下から恐れられたり、組織人として浮き沈みが激しくなってしまったりすることも。良き理解者と出会えれば独立起業の道を歩んで成功するでしょう。飾らない性格なので、私生活では腹を割って話せる多くの友人に恵まれます。

㊲ まっしぐらに突き進むゾウ

ラッキーアイテム 絵画

猪突猛進(ちょとつもうしん)でひた走る、上品でパワフルな開拓者

　上品で温和な印象ですが、目標に向かってまっしぐらに疾走(しっそう)するエネルギッシュさを秘めています。思い立ったが吉日で、考えるよりもまず行動。逆境にも強く、障害物は避けるのではなく、押しつぶすという発想でパワフルに突き進みます。自らの人生をたくましく切り開いていく力がありますが、持続力や忍耐力はないので、何事も長続きしないという弱点も。切り替えも早いですが、実はデリケートでやや内向的。小回りが利く車より、ジープなどの大きな車が好き。

ゾウ

ひつじ
Sheep

お世話をして喜ばれるのが大好き。
平和を愛する寂しがり屋

KEY WORDS

- いつもみんなと群れていたい
- 周囲に気を遣うので、気苦労が絶えない
- 自分も気を遣われると嬉しい
- 何より大事な和を乱す人は大嫌い
- 「いい人」と思われたい
- 約束は絶対守る

- 「迷える子羊」の言葉通り、よく悩む
- 過去を振り返ってボヤく
- 温和な性格に見えるが、意外と感情的
- 異業種交流会が好き
- 収集癖あり。特に切手など紙のものが好き
- 旅行に行くときのバッグはパンパン

基本性格

　「世のため、人のため」が口癖で、社会貢献に余念がない献身的な人情家。自分のためには頑張れなくても、誰かのためにはびっくりするほど頑張れます。その人柄から、人間関係の潤滑油的な存在に。**ケンカの仲裁役を買って丸く収めようとするなど、「和」を保つために力を尽くす律儀な平和主義者です。**仲間とのおしゃべりは大好きで、話し出したら止まりません。会話が弾めばご機嫌で、一気にその相手との距離を近く感じます。

　ひとりぼっちが嫌いで、いつもみんなと一緒にいたいという思いが強いので、周囲にはとても気を遣うタイプ。**人の本音は鋭く見抜きますが、毛にくるまれた羊のように、自分の本心は隠してなかなか見せません。**誘いや頼みごとにはノーと言えない一面も。ただ、和を乱す人には一変、激しい怒りの感情をむき出しにします。

　冷静で客観的、情報収集能力に優れています。収集癖があるので切手などのコレクターの人も多いでしょう。良い知らせは常にみんなと共有していたいという思いが強く、自分だけ知らされていなかったりするとひどく傷つくことも。いつも後悔ばかりしているので、過去を断ち切ることで格段に生きやすくなるでしょう。

ラッキーアイテム

- ●ぬいぐるみ　●預金通帳
- ●印鑑　●アルバム
- ●携帯電話
- ●ダウンジャケット
- ●メガネ　●旅行カバン
- ●国内旅行

このキャラクターの攻略法

適度なスキンシップとフレンドリーな対応で接するのが基本。頼られることに無上の喜びを感じるので、「あなたしかいない」が決め手の一言に。話好きなので、じっくり話を聞いてあげるのがポイント。メールなどにはマメに返信すると、心を掴みます。

ひつじ

仕事

周囲への気配りと
客観的視点でトラブルも解決

　人間関係をとても大切にし、周囲に気を配るので職場になくてはならない存在。スピーディに仕事をこなすタイプではありませんが、丁寧で真面目な仕事振りで、安心感抜群です。後輩の面倒見もいいので、誰からも好かれるでしょう。営業などでは相手との信頼関係をじっくり築き、成果を上げます。とにかく責任感が強いので、ルールや約束を破ることもありません。また、かなりの情報通なので、社内のどんな些細（ささい）な情報にも精通しています。

　常にクールに俯瞰（ふかん）するスキルがあり、トラブル対応も得意。人の本音を見抜く能力もあるので、うまく立ち回れます。クレームにも誠心誠意対応し、穏便（おんびん）に収めることができるでしょう。得意の情報収集はビジネスでも大いに生かせます。

◆ **適職** ◆

●内科医　●心理学者　●冠婚葬祭業　●公務員　●作家　●俳優　●秘書　●銀行員
●インテリアデザイナー　●水族館飼育員　●画家　●スクールカウンセラー　●日本料理人
●書道家　●占い師

 健康

時には本音をさらけ出して
自分の心を解放してあげよう

　友達を大切にするひつじにとって、人間関係の悩みが一番のストレス。人との付き合い方に悩み、気持ちがふさぎ込んでしまうことで、心身に不調をきたしやすくなります。やや悲観的で、過ぎてしまったことをいつまでもクヨクヨと考えてしまうことも多いので、気苦労は絶えません。

　普段は人に合わせてなかなか自分の本音は明かさないひつじですが、意識的に本心をさらけ出すようにすると良いでしょう。**何でも話を聞いてくれる友達がいるだけで気持ちが安定し、それが心身の健康に結び付きます。**

　また、終わったことを引きずらず、割り切れるようになると心が楽になります。ポジティブ思考を心がけると、毎日がもっと楽しくなるはず。

冒険はしない主義でも
付き合い始めると独占欲がUP

　みんなで仲良くするのが好きなひつじは、異性の友達も多いタイプ。和気あいあいと、まるでたくさんの恋人に囲まれているような気分で過ごすことに倖せを感じます。必然的に友だち以上恋人未満の相手が多くなるので、なかなか本当の恋愛には発展しづらいと言えるでしょう。**冷静な観察眼を活かし、付き合う前にはシビアに相手の条件を見極めるので、スタートで暴走することはありません。**

　男女ともに、いざ交際が始まると相手には優しく尽くしますが、とことん一途なので時には暴走も。強烈な独占欲で、何度も電話したり、メールや LINE をしつこく送ってしまったりと無意識に束縛してしまうこともあります。相手のことが気になって、眠れないほど思い詰めるような夜も。

◆ LOVE&SEX ◆

 男 優しいけれどマンネリになりやすい面が。フリルの服やメイド服などのコスプレに萌えます。

女 SEX 中もおしゃべり。奉仕好きなので、命令されたりおしおきされたりするなど、ソフトな SM も好み。

パートナーの笑顔のために
かいがいしくお世話

　結婚願望は強く、お付き合いを始めるときには結婚を意識。もともと人のために何かをするのは大好きなので、結婚後はパートナーの笑顔を原動力に、まめにお世話を焼くようになるでしょう。

　ひつじが理想とするのは、いつでも仲が良くて、お互いに何でも話し合えるような絆の強い家庭。週末はみんなで楽しく出かけられるような一家でいたいと思っています。贅沢な生活を求めることはなく、家族が笑顔で元気に暮らせればそれが一番と考えていて、その実現のために全力を尽くすでしょう。家計もしっかりと管理して、貯蓄を心がけるやりくり上手。ヘソクリもしながらいざというときのために備えています。

◆ 相性の良いパートナー ◆

とにかく優しい人が一番。笑顔が素敵で、友達を大切にする人が◎。人に対する気遣いを忘れず、自分の話をニコニコ聞いてくれる人なら申し分なし。

ひつじ

愛情があふれるあまり、過干渉になりがち

　愛情深いひつじの親。女性は特に、出産すると一気にスイッチが切り替わり、子どもに全エネルギーを注ぐようになります。**大切に育てたいという気持ちが先行するあまり、度が過ぎたお世話をしたり、子どもが成長してもなかなか子離れができなかったり。**世間体を気にするタイプでもあるので、子どもにはみんなと足並みをそろえてほしいという思いが強く、学校での出来事をすべて聞き出そうとするなど、過干渉になってしまうことも。個性を尊重し、適度な距離感をとるようにすれば「ウザい」と思われるのを回避できます。

　男性はサービス精神旺盛で、家族の喜ぶ顔を生きがいに張り切るでしょう。家族サービスも熱心に行うお父さんになります。

お金は心の拠り所。通帳を眺めるのが至福

　¥マークと「羊」が限りなく似ていることからもわかるように、ひつじはお金が大好き。緊急時には何を置いても通帳と印鑑を持ち出すような執着の持ち主です。猿は小銭を貯めますが、ひつじは紙を食べる動物であるだけに、特に紙幣への熱量は半端ないものがあります。お金の管理はバッチリなので、質素倹約に努めて堅実に貯蓄し、通帳の残高が増えていくことにエクスタシーを感じるでしょう。しっかり事前調査をするので買い物でのトラブルも少なめです。

　ただ、**自分に関することには財布の紐は堅いものの、人のためには気前よくお金を使う傾向が。**断れずにお金を貸してしまったり、保証人になったりして被害に遭うこともあるので、慎重になるとともに、断る勇気を持つことも大切です。

◆ 落とし穴 ◆

お金の扱いはしっかりしているため、トラブルは少ないほう。ただ、出費を惜しむあまり、良いチャンスを逃して結果的に損してしまうことも。株や投資、人に貸すのも要注意。

倖せの鍵

人にも過去にも惑わされず
あなたの無償の愛を貫いて

　誰に対しても優しくて協調性があるひつじは、周りの人の目や評価をとても気にします。しかし、周囲の心ない言葉に惑わされる必要はありません。あなたからあふれ出る「無条件の愛」を大切にしてください。無尽蔵に湧き出る愛は、枯れることがないもの。対価を求めず他者を愛する……自信を持ってこの姿勢を貫けるようになると、ささいな評価などどうでもいいと思えるようになります。

　また、ひつじは過去にしばられがちなところもありますが、不要な関係やトラウマなどは断ち切る勇気を持ちましょう。勇敢に前進できるようになり、人生が大きく変わります。友人関係の断捨離も定期的に。増えすぎた人間関係はトラブルの元となることもありますので、不要な関係性は手放すのが吉。

◆　人間関係のポイント　◆

ひつじの個性を認め、適度な距離を保って付き合ってくれる人と良い関係を築けます。まずは本音を語れる親しい友人を持ちましょう。相手の欠点が目につきがちですが、全体に基準を甘く。

克服すべきウィークポイント

見返りを求める計算高さは
ストレスと怒りのもとになる

　人の喜ぶ顔を見るのが好き。そんな無償の愛を持ち、誰にでも親切にできるのはひつじの最大の魅力ですが、時に相手に気を遣った分だけ、自分にも配慮をしてもらいたいと見返りを求めることも。与えた分と同等の優しさが返ってこないと、スネたり、勝手に怒りを溜めたりしてしまいます。損得勘定からではなく、心からしたいことだけ行うようにすれば、不要なストレスを回避できるでしょう。また、よかれと思ってしたことが相手にはお節介に映ることがありますので、独りよがりにならないよう気をつけるとベター。

　話好きですが、一方的になっていないか、相手の時間を奪っていないかにも注意を払えれば、より良い人間関係を引き寄せられます。

ひつじ

14 協調性のないひつじ

ラッキーアイテム **LED照明**

自然体のアーティスト。ゆるい雰囲気が自慢

　泰然としたゆるやかな雰囲気。人間関係にこだわりがなく、誰とでも公平に付き合うことができます。面倒見も良く、人の相談に乗るのも得意ですが、いつも誰かと一緒にいたいとはそこまで思わないタイプ。ひつじの中では少し異質で、ひとりの時間も大切にします。みんなと同じように行動するのも嫌いで、自分だけ違う方向に進むことも。好きなものに向かって力走する夢追い人です。独特なセンスを磨けば、アーティストとして花開く可能性も大いにあります。

20 物静かなひつじ

ラッキーアイテム **預金通帳**

穏やかさの中に強い自我を宿した堅実派

　周囲の人を大切にする、深い愛情の持ち主。穏やかな優しい性格でみんなから愛されます。冒険を嫌う慎重なタイプなので、最初は相手をじっくりと観察し、信頼できると確信した途端、ダムが決壊したかのように本音を見せるでしょう。人当たりはソフトですが、実は強い自我の持ち主で、考えを曲げない頑固な一面も。勉強熱心で、物事を吸収する能力に長けています。冷静な目で物事を見ることができますが、理想は高く、大きな夢や期待を胸に抱いています。

23 無邪気なひつじ

ラッキーアイテム **フィギュア**

清らかで純情な心を持ち、人を惹きつける天使

　子どものようにピュアで元気。いつまでも少年少女のような雰囲気を持つ人です。人を疑うことを知らない純情さが魅力で、誰にでも明るく親切に接します。人を惹きつけるオーラがあるので、自然と人が集まってきます。遊ぶことも大好きで、趣味を通じた交友関係が広いのも特徴。遊ぶように働き、働くように遊べる天才で、物覚えも良くなんでもそつなくこなせます。人からは高く評価されますが、本人はシャイで恥ずかしがり屋。目立つことは望みません。

㉖ 粘り強いひつじ

ラッキーアイテム　**パソコン**

奥ゆかしさと忍耐強さが同居する紳士淑女

　落ち着いた気品があり、教養とユーモアあふれる温和なタイプ。控えめながら人懐っこさもあり、周囲に溶け込むのが得意な人付き合いのエキスパートです。ただ、実は内面は自尊心が強い負けず嫌い。執着心のあるタイプではありませんが、自分が決めたことには誇りを持ち、しぶとく全力を尽くすでしょう。特に世の中のためになることには熱く魂を燃やします。駆け引きは苦手ですが、器用で几帳面なので、成果もきちんと出せる人。恋愛では安定志向です。

㉙ チャレンジ精神の旺盛なひつじ

ラッキーアイテム　**枕**

聡明で好奇心旺盛。人生を切り開く勇敢な冒険家

　知的で謙虚な姿勢が好印象。人と助け合うことに喜びを感じます。鋭い洞察力で人の心理を見抜きながらも、周りをきちんと立て、良い人間関係を築くでしょう。物静かですが好奇心は強く、興味をもった分野には臆さずチャレンジする果敢さがあります。大自然の中に放たれたひつじのように、のびのびと生きていきたいという願う旅人気質。実際に旅行好きで、バックパッカーとして世界中を回ることを夢見ています。趣味を生かした仕事で生き生き働くのがおすすめ。

㉟ 頼られると嬉しいひつじ

ラッキーアイテム　**アルバム**

賢くてポジティブ。正義感が強い親分肌

　奉仕の精神あふれる平和主義者。人情味に溢れ、困っている人を見過ごせない親分肌です。人に頼られると自分のことのように頑張るでしょう。正義感が強く、楽天家。誰も思いつかないようなアイディアを生み出すような知力と構想力も持ち合わせています。大人しそうな印象を持たれがちですが、いざというときには火事場の馬鹿力を発揮して周囲を驚かせます。誰に何を言われても揺るがない、自分の美学を大切にする人。粘り強いけれど、詰めの甘さには注意。

ひつじ

ペガサス

Pegasus

宇宙から舞い降りた、
自由を愛するミステリアスな空想家

KEY WORDS

- 大きな翼でいつでも自由に羽ばたいていたい
- 長所はすごいがあとは平凡
- 気分屋、天気屋。それを隠す気もない
- 乗っているときとそうでないときの
  落差が激しい
- 宇宙人のようにつかみどころがない
- 日本人の顔をした外国人

- 束縛や干渉をされる環境では一気にダウン
- 背後に人に立たれるのが苦手
- 面倒なことは嫌い
- 社交辞令の天才
- 話を聞きながら意識は
  別のところに飛んでいる
- 大げさな人が多い

基本性格

　12キャラの中で唯一、架空の動物であるペガサスは、龍のように自由に天空を駆け巡る孤高の存在。目標を定めず、評価も気にせず、敵をつくらず、執着も出世欲もなし。天性のひらめきと情熱で物事に打ち込む反面、興味がないときはとことんノレない極端さが特徴です。気分にムラがあり、束縛も大の苦手。

　ピンとくる感性や直感力に優れ、一瞬で何でも理解してしまう天才タイプ。臨機応変な対応も得意です。普通の人には発想が理解されにくいのが難点ですが、当人は面倒なのでいちいち説明する気にもならない自由人です。目まぐるしい頭の回転とコロコロ変わる意見は、凡人にはもはや理解不能です。

　宇宙からの使者らしく、国境を気にしないスケールの大きさと、日本人離れした風貌、外国人気質の持ち主。ルールにうるさい日本は生きにくく感じ、自由な海外生活を常に夢見ています。

　内心好き嫌いが激しくてもそつなく人と付き合える社交家ですが、感覚で話しすぎて相手に本意が伝わらないことも。自由な発想をするので、よき理解者に恵まれるとその才能が一気に開花しますが、逆に翼をもがれるような場所では生気を失います。

ラッキーアイテム

- 地球儀　●天体望遠鏡
- ダイビング
- スカイダイビング　●洋画
- 星　●スカーフ
- 馬のオブジェ
- バカラのグラス

このキャラクターの攻略法

自由奔放なペガサスには、一切の束縛はタブー。長い話も禁物で、人の話など聞いていません。伝えたいことは一つに絞りましょう。乗せられると弱いので、上手に褒めてその気にさせるのが近道。スケールの大きな話も、目を輝かせて聞いてあげればオールOK。

ペガサス

仕事

直感とひらめきが相棒の自由人。
型にはまった組織では息苦しさも

　自由な発想と天性のひらめきを生かす、多才な芸術家タイプ。卓越した表現力を持つので芸術の分野や役者向きと言えます。企画関係や広告代理店などの仕事も適職。奇抜な発想力は、作家としても大成するかもしれません。

　自由に飛び回っていたいという思いが強く、変化の少ない仕事や集団行動、枠にはめられることは大の苦手で、出世にも興味なし。束縛されると一気にやる気を失い、投げやりになったり仕事にムラが出たりして周囲を困惑させることも。日本の伝統的な組織で歯車として働くことには不向きな性質です。環境の影響を受けやすいので、会社選びは慎重に。外資系企業や海外生活にも目を向けてみると世界が広がるでしょう。転職のたびにキャリアアップするタイプ。

> ◆ **適職** ◆
>
> ●宇宙飛行士　●CGクリエイター　●ジョッキー　●研究者　●ファッションデザイナー
> ●作家　●俳優　●アニメーター　●声優　●美容家　●役者　●外資系企業
> ●ドローンパイロット　●マジシャン

- -

 健康

翼がしぼむような環境には
さっさと見切りをつけるのがベター

　宇宙人的な発想を持つペガサスは、型にはめられた社会に適応できないこともしばしば。周りから理解されず、人知れず悩むこともあります。窮屈な学校生活、干渉する家族、監視する社会、評価主義の会社はすべてストレスの元凶に。狭い人間関係の中で生きるうちに息が詰まり、殻を破ってどこか遠くに飛び出したくなる衝動に駆られることも……。

　自由を奪われる生活が続くほど、せっかくの羽が小さくしぼみ、ペガサスからロバになってしまいます。いる場所の影響を色濃く受けやすいので、「自由な環境こそが唯一の良薬」と割り切るのが有効。合わない場所には見切りをつける潔さを持って、未練なく飛び去っていくのが得策です。

恋愛

つかみどころのなさが魅力。
フランス人のように自由に恋を謳歌

　恋をしていない人生なんて考えられないというのが基本理念。どんなに忙しくても恋愛のための時間は作ります。フランス人のようなロマンチックな恋に憧れていて、外国人との恋愛にも積極的。

　男女ともに、何を考えているかわからないつかみどころのなさが武器。自慢のひらめきは恋愛でも生かされ、直感で恋に落ちます。好き嫌いが激しく気まぐれな女性は、一目惚れが多め。男性は感覚が合う人とストレスフリーな恋愛を楽しみたいと思っています。燃えるような激しい恋が冷めると、もう次の恋が始まるといった自由恋愛がペガサスのデフォルト。常に自分のペースで行動したいので、束縛や干渉は拒否します。ペガサスの恋人は振り回されることが多いでしょう。

◆ LOVE&SEX ◆

 男　感覚の合う人と自由に楽しみ、スリリングな場所での密会を楽しみます。一回だけの関係も得意。

 女　大切に扱われないとダメ。安いお店やホテルに直行するような男子とは絶対に付き合えません。

- -

 結婚

自分を縛らない結婚生活がマスト。
入籍にこだわらない事実婚が理想

　結婚に興味がないわけではありませんが、縛られることが嫌いで形式にもこだわらないペガサスは、フランス婚に代表されるような事実婚が理想。入籍という概念にはあまり興味を持ちません。結婚しても、一切の我慢や制約はタブー。自由を奪われることには耐えられないので、好きなように動き回れる生活を望みます。

　自分の気持ちに正直に生きるので、他のキャラに比べて離婚へのハードルも低め。感情に蓋をして愛のない結婚生活を送ったり、仮面夫婦を演じたりするくらいなら、いっそ別れてしまった方がせいせいすると考えています。実際に離婚歴を重ねる人も多く、それを勲章にしています。

◆ 相性の良いパートナー ◆

あなたの想いを一瞬で察してくれる人がベストです。ペガサスの気まぐれを認めて自由にさせてくれる人なら◎。

ペガサス

自身のスケールの大きさを活かし
グローバルな子どもを育成

　自分が束縛されたくないので、子育ても自由放任主義。うるさいことは言わず、常識にもとらわれずにのびのびと育児に臨みます。子どもの才能を見抜くセンスがあるので、世界的に活躍する、未来の大物を育て上げる可能性も。

　日本の画一された教育からは天才は育たないと確信しているので、一際（ひときわ）強いグローバリズムを持って子育てに励みます。国際社会で渡り合うことができる子どもを育てるために奮闘し、早くから海外留学を視野に入れるでしょう。外国で自由闊達（かったつ）にのびのびと育ってほしいと願っていますが、日本から離れられない場合には、アメリカンスクールなどへの入学を検討。英語に親しんでもらい、国際的なセンスを養ってもらおうと考えます。

お金のために働くなんてもってのほか。
もはやお金の概念すら持たない奔放（ほんぽう）さ

　お金への執着は薄めで無頓着。自分の財産もいまいち把握していないほどです。生きていくためにお金が必要なことは理解しているものの、そのために自由を奪われながら働くことには耐えられません。大統領のように働いて、王様のように遊ぶのがペガサスの究極の理想。お金が入ったら遊び、お金がなくなったらまた働くといった人生を夢見ています。まとまったお金が入ったら、未練もなく会社を辞めて海外を放浪（ほうろう）するような自由度の高さは、もはやお金という概念すら持ち合わせていないかのようです。

　お金への関心の低さから、割に合わない仕事をしたり、なんとなく買物をしたりして損をする傾向にあるので、少し意識を高く持つと蓄財できるでしょう。

◆ 落とし穴 ◆

お金に対する執着のなさから、ギャンブルや投資で散財する恐れがあります。王様のような暮らしは長く続けられるものではないので、貯蓄を心がけましょう。

変わり者と思われる切なさは
世界に目を向けることで解消を

　日本の組織に馴染めず、息苦しい思いをすることも多いペガサス。やりきれない思いになったときは、世界に目を向けましょう。この世界は広くて大きいもの。地球上にはさまざまな人たちがいて、日本の常識も世界では非常識になります。日本では「変わり者」「不思議ちゃん」扱いされていても、外国では変な目で見られることなく、ありのままのあなたで生きられることに気づいてください。いつしか心の中に設けてしまったルールや限界を打ち破るのが倖せの鍵です。

　状況が許せば、殻を破って日本を飛び出し、実際に海外で生活するのも英断。どんどん視野を広げて、国際人として活躍してください。それがあなたを大きく成長させ、帰国後は日本での評価も一変、温かく迎え入れられるはずです。

◆ 人間関係のポイント ◆

　一人で何でもやってしまうタイプですが、相談できる人がいると心の安定につながります。傍観者にならず、信頼し合える関係を自ら築きましょう。

克服すべきウィークポイント

どこかで割り切って
組織のルールに従うのが生きる術

　感覚とひらめきで生きるペガサスは、周囲から、自分勝手でわがまま、人の言う事は全く聞いていない変人と思われています。言うこともコロコロと変わるので、一貫性がありません。時間に縛られるのも嫌いなので、ルーズという印象を持たれてしまうことも。

　自由に飛び回れないのはフラストレーションが溜まりますが、自我を通すと、この狭い日本では生きられないということをくれぐれもお忘れなく。どこかで割り切って真っ当な社会人を演じることも、生きていくための大切な処世術です。その分、プライベートな時間はペガサスらしく自由を満喫し、バランスをとりましょう。同じペガサスの人を見つけて結束を固めるのもおすすめ。

ペガサス

㉑ 落ち着きのあるペガサス

ラッキーアイテム **馬のオブジェ**

揺らがない自分軸と信念で成功を掴む努力家

温和で賢く社交的。周囲に振り回されない自分軸と、ペガサスらしからぬ落ち着きのある人ですが、感情表現豊かな感激屋です。冷静さと感性のバランスも絶妙。おだてに弱く、お人好しの一面もあります。幼いうちは翼が未熟ですが、成長するにつれて自由に羽ばたけるようになり、本領発揮。人からの指図は受けませんが、自分の信じる道がある限り、どこまでも歩み続けます。惜しみない努力とひらめきで、きっと夢の実現を果たすことでしょう。成功するまで諦めない姿勢が大事。

㉒ 強靭な翼をもつペガサス

ラッキーアイテム **羽のモチーフ**

現実を超越した風情で夢を追う自由人

人を惹きつける魅力あふれる、みんなの憧れの的。現実を超越した未来からの使者のような風情（ふぜい）で駆け巡り、理想を追い求めます。サラブレッドのような近寄りがたさもありますが、天性の社交術で自分の世界を広げます。情緒と感性だけで生きているように見えて、内心では冷静に駆け引きする知性派。鋭い洞察力とカンで相手の心を瞬時に理解しますが、相手からは理解されにくいのが難点です。気まぐれで持久力がなく、束縛を嫌う自由人なので、家庭生活には不向き。

27 波乱に満ちたペガサス

ラッキーアイテム　**赤い下着**

ドラマチックな人生を力強く生き抜く不屈の人

鋭い感性と強烈な個性を持つ天才肌。近寄りがたさと気安さが同居する、不思議な魅力を持つ人です。安定した普通の生活には興味がなく、ジェットコースターのように激しく乱高下する人生を送ります。逆境を恐れない勇気の持ち主なので、人生をたくましく切り開いていくでしょう。じっとしていることが苦手で、目を見張るスピードで次々に問題を解決。うまく上昇気流に乗れれば人生は思いのままですが、欲がないので詰めが甘くなる点に注意。人への気配りは細やかです。

28 優雅なペガサス

ラッキーアイテム　**クリスタル製品**

そこはかとない気品が漂うマリア様のような人

性格はさっぱりとしていますが、独特なオーラと気品があり、聖母マリアのような雰囲気を持ちます。日本人離れした風貌とあいまって、妖精のような現実感のなさも漂いますが、意外と世話好きな面もあります。頑固な正直者で、卑怯なことを毛嫌いし、自分の信念を貫く崇高な生き方をします。要領良く立ち回ることは苦手でやや不器用。自由奔放な自分と優等生的な自分とのギャップに悩むこともありますが、その二面性を長所と捉えられるようになると良いでしょう。

ペガサス

愚者は占いに振り回され、
賢者は占いを活用する

　中国の古い諺に「愚者は占いに振り回され、賢者は占いを活用する」という言葉があります。とても深い言葉ですね。この本の読者のみなさまには、ぜひ振り回されることなく動物キャラナビを活用していただきたいと思っています。

**　世界中の成功者や経営者が占いを信じています。しかしこの諺に表される通り、彼らは決して振り回されているわけではありません。** 基本は自分を信じて、直感に従って行動する。そんな中で、どうしても迷ったり悩んだりしてしまうとき、進んでいる道が正しいかどうかを確認するための参考にしているのです。

　中国では毛沢東が君臨していた文化大革命の時代、占いは禁止されてしまいました。しかし、毛沢東の死後、彼の寝室に入ったら、占いの本がびっしり並んでいたそうです。占いは、もとは「帝王学」として、特権階級の人にしか伝えられてこなかった学問。民衆に知られては困る深い教えがたくさんあったのでしょう。

　日本でも、明治時代以前の占い師は高級官僚だったことからもわかるように、もともと占いは選ばれし人のためのものだったわけです。欧米でも、成功者と呼ばれる人や世界的企業の経営者たちは、占いを大いに活用しています。

　神社でおみくじを引くと oracle と書かれています。これは「予言・神託・占い」という意味を持っています。占いはとても尊いものなのですね。

　みなさんもぜひこの中国の諺を心に置きながら、動物キャラナビを活用して人生を謳歌してください。そうすれば、もうあなたは賢者です。

Chapter 2

「人間関係の3分類」で ストレスフリーな 人付き合いを叶える

12キャラは「人間関係の築き方の特徴」から、MOON・EARTH・SUNの3つのグループに分けることができます。それぞれが人間関係において求めるものを知ることが、「なんだかこの人とうまくいかない……」を解決し、心地良く付き合うための合鍵に。

人間の個性を「分類」すれば、
相手とのベストな向き合い方がわかる

　古くから私たちは、わからないモノを理解するために「分類する」という手法をずっと取ってきました。図書館や書店に行ってみると、動物図鑑など、さまざまなジャンルの図鑑がありますよね。しかし不思議なことに、どこを探しても「人間図鑑」はありません。人種などの肌の色や髪の毛の色などでの区別はありましたが、「人間の個性」や「人間の性格」による分類はそこまで注目されてきませんでした。

　右の［図1］を見てください。月・地球・太陽がバラバラに配置されていて、何がどれだけあるのかもよくわかりません。次に［図2］を見ると、月・地球・太陽がきちんと3つに分類されています。わざわざ数えなくても、それぞれの個数を一瞬で理解できますね。同じように、**人も分類することで、それぞれの個性や性質、そしてお互いのパワーバランスといった関係性が理解しやすくなります**。それによって、相手とどのように関わっていくのがベストかを知ることができるのです。

　第1章では、12のキャラクターに当てはめて自分の個性を見てきました。この章では、**12キャラを「人間関係の築き方」の視点からMOON・EARTH・SUNの3つのグループに分けています**。これは地球上のすべての国の人々が概念として簡単に理解することができる、月（MOON）・地球（EARTH）・太陽（SUN）を基本としたもの。この3分類それぞれが、日常のあらゆる場面や人生の重大な局面でどのように行動するのか、また、お互いの関係性や、各分類にはどのように接するのがベストかということなどを見ていきます。まずは右の［図3］から、自分や周囲の人たちがどのグループに属するのか確かめてみましょう。

図1 10秒で月・地球・太陽を数えてください。バラバラになっていて数えるのが難しいですよね？

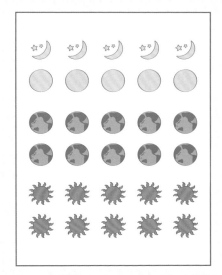

図2 分類することで、それぞれの個数がひと目でわかるようになりました。

図3 12キャラはMOON・EARTH・SUNに分類することができます。さらにMOONは満月グループ（黒ひょう、ひつじ）と新月グループ（こじか、たぬき）に分かれます。みなさんご自身と周囲の人を当てはめてみてください。

「いい人」「しっかり者」「天才」が 3分類それぞれの特徴

次に、MOON・EARTH・SUN それぞれの特徴を見ていきましょう。

MOON の動物キャラは「こじか」「黒ひょう」「たぬき」「ひつじ」です。発生比率は全体の約35％。何事も人間関係がすべてで、和を大切にするのでケンカや競争は好みません。月のイメージ通り、出しゃばることなくひっそりと輝き、相手を優しく包み込みます。一緒にいる人によって月のように形を変え、レストランでも、「何にする？」と相手の注文を気にするタイプ。**人に合わせてしまうことが多い「いい人チーム」**です。

EARTH の動物キャラは「狼」「猿」「虎」「子守熊」で、発生比率は3分類の中で一番多い約40％。自分の時間や空間をとても大事にし、時間やお金、物を無駄にすることを嫌います。非常に現実的な考え方をするタイプで、曖昧なことには耐えられません。「白か黒か」をハッキリさせたがります。ペースを乱されることを嫌い、**何事も計画を立てて実行していく、「しっかり者」チーム**です。

SUN の動物キャラは「チータ」「ライオン」「ゾウ」「ペガサス」です。発生比率は約25％で、3分類の中で一番割合が低いグループ。太陽のイメージの通り、いつも光り輝いていたいと考えていて、人の心を明るくするムードメーカー的な役割を果たします。束縛される環境は苦手で、窮屈な管理型社会には適していません。**自由奔放で、直感やひらめきで行動する「天才チーム」**です。

MOON

満月

新月

黒ひょう

こじか

ひつじ　たぬき

いい人チーム

- 他人と競争したくない
- 世のため人のための精神を持つ
- 相手に合わせる他人軸
- 相手を安心させる雰囲気を持つ
- 大事なのは愛情、友情、使命感
- 目指すは人格者
- 無駄が多い
- 夢を持っている
- 立場・メンツにこだわる（満月）
- 人の心を照らしたい（満月）
- 目立たないが存在感がある（新月）
- じっと出番を待つ（新月）

EARTH

狼

猿

子守熊（コアラ）　虎

しっかり者チーム

- 現実的で地に足がついている
- 自分と他人を明確に分ける
- 曖昧なことや無駄は嫌い
- 本音はハッキリ口にする
- 芸術性・創造性がある
- 実質的な損得を考える
- 話は、結論から聞きたい
- 「人間」に関心がある
- 目指すはお金もち
- ペースを乱されるのが嫌い
- 競争して勝利したい
- 数字・時間を大切にする
- ついムリをしてしまう

SUN

チータ

ライオン

ペガサス

ゾウ

天才チーム

- いつも光り輝いていたいムードメーカー
- 不安がよぎるとモチベーションが下がる
- 太陽のようにすべての中心でありたい
- くどくどと長い話は聞いていない
- 内外の落差が激しい
- 細かいことは気にせず、可能性を信じる
- 褒められると弱い
- つかみどころがない
- 目指すは成功者
- 束縛されたくない
- 気分にムラがある

3分類の力関係を知ることで
ベストな付き合い方がわかる

　3分類それぞれの特徴を理解したら、次は相互の関係性を理解していきましょう。「あの人に言われたことは素直に聞けるけど、この人に言われるとムカつく」「お姉ちゃんなのに、なぜかいつも妹の言いなりになっている」など、特定の人との関係性でつまずくことはありませんか？

　それは3分類それぞれの間で、目に見えない力関係が働いているから。個性心理學では、**このパワーバランスのことを「ヒューマンリレーション」（じゃんけんの法則）**と呼んでいます。

　MOON・EARTH・SUN の3分類の相互関係の中では、MOON は EARTH を動かしやすく、EARTH は SUN を動かしやすく、SUN は MOON を動かしやすい……、というじゃんけんのような法則が働いています。右の図のように、**MOON は「グー」で、小さくまとまった頑固な性質、EARTH は「チョキ」で、いらないものをばっさりと切り取る性質を表します。SUN は「パー」で、外に向かって拡大・展開し、エネルギーを発展させる性質を意味します。**じゃんけんと同じく、チョキの EARTH はパーの SUN には勝てますが、グーの MOON には勝てないのです。

　「ある人とはスムーズに付き合えるのに、ある人とはうまくいかない」というのはこういったカラクリによるもの。このリレーションを見直すことで、相手との向き合い方を改善できます。例えばビジネスの世界では、誰がどの商品をどうやって伝えたら成果を上げられるか、ということがわかるので、営業成績の向上や人事異動などに活用されています。

　p.126 から、あらゆる場面での3分類の行動パターンと攻略法を紹介。相手のツボを押さえることで、より良い関係を築けるでしょう。

MOON・EARTH・SUNのヒューマンリレーション
（じゃんけんの法則によるパワーバランス）

MOON

満月グループ
立場やメンツにこだわる。人に影響を与えたい

新月グループ
目立たないが、存在感があり、出番を待っている

黒ひょう

こじか

ひつじ

たぬき

負け

勝ち

いい人チーム
MOON は EARTH を動かしやすいが、SUN とは相性が良くない。

勝ち

負け

EARTH

SUN

狼　　猿

チータ　ライオン

ペガサス　ゾウ

負け

勝ち

子守熊　虎
(コアラ)

天才チーム
SUN は MOON を動かしやすいが、EARTH とは相性が良くない。

しっかり者チーム
EARTH は SUN を動かしやすいが、MOON とは相性が良くない。

日常会話 編

MOON・EARTH・SUN それぞれで行動や心理は異なります。各分類の「あるある」から自分やあの人がどんな人間なのか分析してみよう！　まずは日常会話から。

 1

3分類の話し方はどんな感じ？

MOON

とにかく話が長い！

MOON はとにかく話が長い！　頭に浮かんだことを整理することなく、そのまま口に出すので、どんどん時間だけが過ぎていきます。EARTH は時間を奪われてイライラし、SUN はもはや聞いていません。句点がなく「〜でね、〜でね……」と果てしなく続く話を、最後まで聞いてもらえると大満足。

EARTH

話は要点のみ。結論から話し出す

EARTH は結論から端的に話すタイプ。回りくどい言い方や、建前だけの話をするのは時間の無駄だと考えているので、自分の意見はハッキリと伝え、相手にもそれを求めます。好むのは、短いセンテンスの箇条書きのような話し方。結論から言ってもらえないとイライラが募ります。

SUN

心に浮かんだことを感情のままに表現

SUN は感覚で話をするので、MOON や EARTH には何を言っているのかいまいち理解できません。その上、「ダーッ」「ビー」「ポッ」などの擬音が多く、何でも「すごいよ！」と大げさに伝えるので、MOON には「なぜすごいのか？」、EARTH には「どのくらいすごいのか？」が伝わらないでしょう。

言いたいことの伝え方は？

MOON
相手を傷つけない
ように気を遣う

常に相手の気持ちを察しながら発言。リアルに会うより心理を汲みとりづらいリモートでの会話は苦手です。人見知りですが、気心が知れてくると決壊したダムのように本音をさらけ出します。

EARTH
本音を話すのが
EARTHのマナー

自分の意見ははっきりと相手に伝えるのが礼儀だと思っているので、言いたいことは先に言って、それから相手の意見も聞くのがスタイル。相手が反対意見の場合には、腹を割って話し合います。

SUN
自分の感情は
素直に伝える

いつでも自分の感情に正直で、忖度することはありません。前に言ったことと違うことを言うケースも多々ありますが、それは一晩寝ると気持ちが変わるから。その瞬間の気持ちがすべてなのです。

結論の出し方は？

MOON
なかなか結論に
たどり着かない

細かな神経細胞を持つMOONは、ああでもない、こうでもないと迷路のように思い悩むのが平常運転。わかりやすく「前置き→起・承・転・結」がないと、不安でなかなか決断ができません。

EARTH
現実的な視点で
スパッと決める

しっかり者のEARTHは、「どちらとも言えない」という判断をすることはなく、常に現実的な視点から、白か黒、YESかNOの決断をズバリ。MOONやSUNよりも太く多い神経細胞がそうさせます。

SUN
「なんとなく」で
即断即決！

「なんとなく」の直感で答えを出すことが多く、「どうしてそう思うの？」と聞かれてもうまく答えられないのがSUN。神経細胞は極太の光ファイバーが1本、それ以外は何も考えられないのです。

買い物 編

生活の基本である買い物の場面でも、3分類それぞれの個性が表れます。信頼するお店は？　値段の確認の仕方は？　三者三様のお買い物スタイルを検証します！

1

行きつけのお店は？

店員の態度の良い店

人柄第一主義、人間関係第一主義の MOON は、人から勧められたお店に行くことが多め。また、買い物中も心地良くいたいので、店員の態度が悪いと絶対にその店では買いません。自分が買わないだけではなく、友達にも「あのお店、感じ悪いわよ」と噂を流すでしょう。

コスパが良くてお得な店

実利主義の EARTH は、コストパフォーマンスにこだわりを見せます。「50% OFF」「限定商品」「タイムセール」などの言葉に弱く、「キャンペーン」などの文字が躍る広告を見るともう我慢ができません。また、じっくり自分で選びたいので、店員が声をかけてくる店は NG。

有名なブランド店

「箔をつける」という意識が強い SUN は、ブランドショップが大好き。SUN にとって買い物とは、商品そのものを手に入れるというより、安心やステータスをゲットするためのものなのです。長い年数、世界中のセレブから愛されているようなブランドに安心感を抱きます。

買い物の流儀は？

MOON
**値段よりも
愛着が湧くかが大事**

値段よりも商品の素材やデザインで購入を判断。レジに持って行く前に、一応価格を確認する程度です。お得なことも好きですが、大幅な割引には「粗悪品では？」と疑り深さを見せます。

EARTH
**何より先に
値段を確認**

費用対効果を何より重視するので、何を買うにしても必ず値段を先に確認。基本的に買うものを決めてからお店に行きますが、想定外に割引されていた商品を見つけたときは、即買いします。

SUN
**気に入ったら
レジに直行**

衝動を大切にする SUN は、気に入ったら値段はろくに見ずレジに直行。予想よりゼロの数が多くて驚きつつも、取り下げるのもバツが悪く、カードで購入なんてことも。爆買いが究極の理想。

本や雑誌の買い方は？

MOON
**一番上に積んで
あるものを買う**

「いい人」の MOON は、どうせ読んでいるうちに表紙も折れるしシワも入るからと、大きな気持ちで一番上に積んである本を購入。スーパーでも棚の一番手前のものからためらわず手にとります。

EARTH
**上から3～5冊目の、
少しでも綺麗なものを購入**

コスト感覚抜群のEARTHは、平積みの本は必ず上から3～5冊目のものを購入。同じ金額を支払うのに、人が触ったものや傷のあるものを買う意味を見出せません。当然スーパーの商品も同じ。

SUN
**買っても読まないので
立ち読みで済ませる**

本を買うとそれだけで安心して放置してしまうので、基本的には気になる箇所だけ立ち読みして済ませようとします。どうしても気になるものは購入しますが、それでもやっぱり積読になりがち。

恋愛・デート 編

楽しいはずの恋愛も、相手の個性を理解していないとすれ違いや喧嘩に発展してしまいます。倖せな恋をするために、自分と相手の傾向を確認しておきましょう。

1

恋人との付き合い方は？

MOON

いつも一緒にいて、べったりしていたい

恋人とは仲良くリンクコーデをして、いつでも手をつないで歩くような関係性が MOON の理想。常に寄り添い、一緒にいたいタイプなので、遠距離恋愛には不向きです。少しの間でも離れているのは寂しくなり、電話や LINE を頻繁にして愛を確かめようとするでしょう。それが時には相手の負担になってしまうことも。

EARTH

恋愛中でも、自分の時間は大事

恋人との時間は大事にしつつ、自分の時間・空間もしっかり確保しておきたい EARTH は、ベタベタした関係は好みません。会いたいときにだけ会えれば OK なので、遠距離恋愛も問題ないタイプ。その分、デートのときは目一杯楽しみます。割り切った考え方の持ち主なので、ケンカ中でも SEX ができます。

SUN

気まぐれに付き合ってくれる相手が理想

突然恋人に会いたくなる SUN は、それがデートのタイミング。事前の約束など関係ありません。束縛されるのは耐えられないし、ベタベタされてペースを乱されるなんて論外。自分が主導権を握ってリードするのが理想で、それを許してくれる相手との関係を望みます。デートの頻度は、愛情の深さに比例。

どんな恋をするの？

MOON

NOと言えないので
流されがち

アプローチされると弱いMOONは受け身の恋愛が多め。断ることが苦手なので、結果的に相手に流されがちです。シャイなので本命にはなかなかアタックできず、片思いが長期戦になることも。

EARTH

自分が好きならないと
恋愛にはならない

自分の気持ちが基準のEARTHは、自ら好きになった相手とでないと恋愛に発展しません。好きな人に気持ちを明示して反応を確かめます。好みでない相手にはハッキリNOの姿勢を見せます。

SUN

今、目の前にいる
人が好き！

気まぐれなSUNは、特定の恋人に縛られるのは嫌。いつも「目の前にいる人が恋人」と自分に言い聞かせています。ドロドロした恋愛には耐えられないので、カラッとした明るい恋が基本。

浮気についての考え方は？

MOON

「食事までなら
浮気じゃない」

和を重んじ、また基本的に相手軸のMOONは、恋人以外の異性からでも、誘われれば食事には出かけます。肉体関係を持たなければ浮気ではないと思っているので、全く悪びれることはありません。

EARTH

バレなければOK！と
究極の開き直り

恋愛とSEXは別物だと割り切っていて、体の関係を持っても浮気という意識は皆無です。プロのお店に通うことにも罪悪感なし。結果主義のため、バレなければ万事OKという開き直った精神も。

SUN

「浮気と本気の
違いって何？」

自由人のSUNは、恋愛に関してもフリーな思想を持っています。そもそも本気と浮気の区別がないことも多く、出会ってから間もない人とのアバンチュールにも、気持ちが向けば飛び込むことも。

職場 編

仕事への向き合い方や、職場の人間関係に対する価値観もそれぞれ。各タイプの本質を知れば、ビジネスの場での悩みやとまどいがぐっと減るはず！

1 思考回路と仕事への姿勢は？

前置き→起承転結

MOON の思考回路は、まず果てしない前置きから始まります。そして、その後にようやく起・承・転と話が続き、最後にやっと結論がくるので、MOON 以外の人をイラつかせてしまうことも。仕事において大切にしているのは「世のため、人のため」の精神。周囲と助け合いながら、和気あいあいと働きたいと思っています。

結→起→承→転

EARTH は、「結・起・承・転」と、まず結論、次いで「なぜそうなのか」という理由を数字やデータで表します。レジュメもきちんと用意しているので、会議やプレゼンは円滑に進められるでしょう。仕事でのキーワードは「マイペース」。趣味と実益を兼ねながら、邪魔されずに自分のペースできっちり役割をこなしたいと考えます。

転→結→転→結→転→転→転……

SUN の思考回路は、ぶっ飛んでいます。「転・結・転・結・転・転・転……」と前触れもなく話はコロコロと変わるので、SUN 以外の同僚には、何が起こっているのかさえわかりません。ただ、勢いとプレゼン力があるため、不思議と企画や提案は通るタイプです。仕事では手っ取り早く結果を出したいと思っています。

❷ 得意な売り込み方は？

 MOON

 EARTH

 SUN

自分を売り込む

MOON は自分自身を売り込み、お客さんと強い信頼関係を構築しようと考えるタイプ。時間はかかりますが、強い絆のお陰で契約の継続率が高くなり、最終的にきちんと評価されるでしょう。

商品を売り込む

形としてハッキリわかる物や数字、データ主義のEARTH は、商品自体の素晴らしさをアピール。無駄なことは嫌いで効率重視なので、見込みがないと判断したらすぐ切り替えて次の顧客のもとへ。

会社を売り込む

SUN のセールスパーソンは、会社の知名度や実績を大いに宣伝。信頼できる会社として「安心感」を持ってもらおうと考えているのです。プレゼンは得意で、相手の懐に飛び込むような営業姿勢が武器。

❸ 職場の人間関係は？

 MOON

 EARTH

 SUN

同僚など横とのつながりが大事

友情や使命感を大切にするMOON は、同期などとの仲間意識を強く持ちます。オンとオフの区別なく、仕事後にも一緒に時間を過ごしたいタイプ。食事しながら深い話をし合えると喜びます。

同僚はみんなライバル！

公私の区別はハッキリつけたい EARTH は、職場の人間関係にはドライです。同僚はみなライバルという考えで、表面上は仲良くしていても、心の奥底では闘争心がメラメラ。争いに勝利するため努力します。

上司には忠実。引き立てを狙う

自由人の SUN ですが意外と上下関係にはとても敏感。ちゃっかりしているので、上司から気に入られるための社内営業には余念がありません。派閥に入り着実に自分の立ち位置を固めていきます。

食事 編

「生きる基本」である食事の場でも、3分類の違いは明確。料理の仕方や食材の買い方にも個性が表れます。それを理解することで、毎日の食事はもっと心地良いものに。

1

食事で大切にすることは？

MOON

「誰と」食べるかが大事

MOON の食事は会話が目的。だから誰と食べるかがとても重要で、相手次第で料理の味も変わって感じるほどです。嫌いな人や威圧的な人との食事では、食べた気にならないでしょう。気の合った友達と楽しくおしゃべりしながら食事を共にするのが至福のひととき。MOON にとって、食事は大切な人との絆を深めるためのものです。

EARTH

「何を」食べるかが大事

EARTH の食事は、文字通り「食事」をすることが最大の目的。効率的に栄養を摂取することがゴールなので、相手や場所にはあまり関心がありません。食事をする前から「何を食べるか」をあらかじめ決めているので、お店に行っても迷わないでしょう。ただ費用対効果を重視するので、メニューに値段が書いていないとハラハラ。

SUN

「どこで」食べるかが大事

SUN の食事は TPO が命。場所やシチュエーションといった「環境」重視で、どんな雰囲気でご飯を食べるかを大切にします。外食も大好きで、日本の飲食業界を支えているのは SUN と言っても過言ではないほど。一流ホテルや高級レストランでの食事で心を潤わせるでしょう。場所に合わせて、洋服やバッグ、メイクもきちんと変えます。

2 料理の作り方は？

MOON

EARTH

SUN

**手の込んだ料理で
真心のおもてなし**

プロセスを大事にするMOONは、大切な相手には手の込んだ料理でおもてなし。真心の深さとかける手間は比例しています。気の合う誰かとおしゃべりしながらのクッキングも大好きです。

**レシピ通りに
ササっと完成**

EARTHの料理は効率性とスピード重視。材料はレシピをもとに必要な分だけ買い足し、余分な物は買いません。冷蔵庫の中の余りものを使った料理は得意中の得意。無駄なく使い切ります。

**感覚に頼った
絶妙なさじ加減を披露**

SUNの料理は、材料も調味料もその日の気分次第。スーパーに行ってから献立を決めます。思い付きで食材を大量買いして、ダイナミックに料理。さじ加減は感覚頼りにも関わらず、プロ級。

3 賞味期限は気にする？

MOON

EARTH

SUN

あまり気にならない

賞味期限はあまり気にせず、冷蔵庫の奥には、数年前の調味料や冷凍食品が眠っていることも。あくまでおいしく食べられる目安に過ぎないと思っているので、いちいち確認しないのです。

**めちゃくちゃ
気にする！**

賞味期限をとても気にします。買い物に行っても、賞味期限はきっちり確認し、期限が遠いものを優先的にカゴにIN。ただ、割引には弱いので、半額などのシールが貼られた商品だけは例外です。

**そもそも
見ていない**

賞味期限そのものに興味がないので、ほとんど気にしません。冷蔵庫の中の商品も、確認せずほったらかし。スーパーに行ってから思い付きで買うので、同じものが家にいくつもあることも。

会食 編

会食が難しい時代になってしまったけれど、また集まれる日が来たら、3分類の傾向をぜひ観察してみましょう。相手の本質を知るのが楽しい時間を過ごす鍵。

1

合コンでの振る舞い方は？

MOON

隣に誰が座るかですべてが決まる

控えめな MOON は、合コンの場では自ら流れを作るようなことはせず、その場に合わせて上品に振舞います。席替えを提案したり、気になる人にアピールしたりするのは苦手。ジャンケンの「グー」そのもののように、狭く、固まった範囲の中で人間関係を築くので、合コンでは隣に誰が座るかですべてが決まってしまいます。

EARTH

気になる人にロックオン！

効率重視の EARTH は、合コンでも気になる人にだけ狙いを定めます。ジャンケンの「チョキ」が表す通り、自分にとって無駄なことは切り取っていきたいので、好意のない人との表面上の会話などは極力省きたいタイプ。競争心が強く結果にこだわるので、ライバルがいるとさらに燃えるでしょう。

SUN

ムードメーカーとなって盛り上げる

明るい SUN は合コンの場でも盛り上げ上手。存在感抜群のムードメーカーです。大きく指を広げるジャンケンの「パー」の通り、周囲を巻き込んで話を展開していくでしょう。気分と直感の人なので、席替えも大好き。気の赴くままに提案して、どんどん交友関係を広げます。SUN が参加すれば、楽しい時間を過ごすことができるでしょう。

2

注文の仕方や
食べ方・飲み方は？

MOON
必殺「1つ残し」で
相手を慮る

EARTH
もったいない精神で
少なめ注文からスタート

SUN
後先考えず
どんどん注文

和やかな空気で飲食したいMOONは、足りなくなったときのリスクを考えて多めに注文する傾向が。また、最後の1つは気を遣って残すのが必殺技です。お酌はお互いにちょうどよくし合います。	お金を無駄にしたくないEARTHは、MOONとは反対に、余ったときのリスクを考えてまずは少なめに注文します。テキパキしているので、終わったお皿はすぐに下げてもらうでしょう。	SUNは量にも金額にも無頓着で自由。気になるものはとりあえずどんどん注文します。「適当に出してください」というオーダーの仕方もSUN特有。ビールの栓も次々抜いてしまいます。

子育て 編

親子関係に求めるものも、当然、3分類によって違います。お互いの本音を知れば、親子間の「なぜかうまくいかない……」を解消できるはず。

1

それぞれの子どもの性格は？

MOON

優しくて親思いの平和主義者

MOON の子どもは、心優しい親思いの子です。動物や植物を愛し、友達を大切にします。お母さんから「いい子ね〜」と言われたいので、何でも素直に言うことをききます。人の意見に左右されるなど、やや優柔不断なところもありますが、それは優しさから。ちょっと忘れ物が多いのは、ご愛敬。

EARTH

自分の意見をハッキリ言う優等生

EARTH の子どもはしっかり者。何でも自発的に行動する手のかからない子です。きちんと計画を立てて、そのスケジュール通りに行動するのは得意。前日の晩に必ず翌日の準備をするタイプです。「自分は自分」という意識はゆるぎなく、親や先生にも意見をハッキリ主張します。実際の年齢よりも大人びて見える子です。

SUN

元気で自由なちゃっかり者

SUN の子どもは、明るく元気なみんなの人気者。やんちゃなところはありますが、憎めない存在です。なんだかんだでちゃっかりしているのも特徴。人の目が気にならず、じっとしていることも苦手なので、先生や親は手を焼くことになるでしょう。のみこみは早い子なので、勉強しない割には学校の成績が良く、周囲から驚かれます。

2

それぞれの親が子どもに望むことは？

MOON

誰とでも仲良くできる
子どもになってほしい

人間関係を重視する
MOONの親は、誰から
も好かれる常識的な子に
育ってほしいと強く願い
ます。友達もたくさんいて
ほしいし、仲間はずれに
なったりしていないかな
ど、常に心配しています。

EARTH

目的を持ち、結果を出せる
子どもになってほしい

EARTHの親は、確固と
した目的を持ち、それを
きちんと達成できる子に
育ってほしいと思ってい
ます。また競争意識も強
いので、成績でもケンカ
でも、同級生に勝つこと
を望みます。

SUN

表彰状がとれる
子どもになってほしい

「社会的な権威」に弱い
SUNの親は、表彰状をも
らえる子を望みます。型
にはまった学校の成績に
は無関心で、通信簿も気
にしません。臨機応変な
対応のできる子になって
ほしいと思っています。

3

それぞれの子どもが
親に望むことは？

MOON

最後まで話を
聞いてほしい

たっぷりの愛情を与えて
ほしいMOONの子ども
は、いつまでも親に甘え
ていたい甘えん坊。話を
最後まで聞いてもらえ
ると安心します。スキン
シップも喜ぶので、優し
いハグも元気の源に。

EARTH

愛情は形で
示してほしい

自分のことは何でも自分
でこなす、自立心旺盛な
EARTHの子。計画通り
に進めていきたいので、
ペースを乱されたくない
と思っています。また、
愛情の強さはお金やプレ
ゼントなどで測ります。

SUN

いちいち干渉
しないでほしい

枠にはめられたくない
SUNの子は、自由にのび
のびと生きていきたいと
いうのが本質。自分の思
いや願望を尊重してほし
いと願います。計画性を
求められたり、時間を管
理されたりするのは苦痛。

成績を上げるためには何が効果的？

同じ目標を持つ友だちの存在でやる気に火がつく

人間関係の影響を強く受ける MOON の子どもにとって、クラスメイトとの関係性や先生との相性はとても大事。それによって成績も大きく左右されます。信頼できる友達と同じ志望校を目指せるような環境が整うとベスト。仲良しの子と同じ学校に行きたいという気持ちから、受験勉強にも俄然（がぜん）やる気が出てくるでしょう。

ライバルの存在で、めきめき成績UP

将来のビジョンも早くから明確に決めている EARTH は、その夢の実現のために勉強も猛烈に頑張るでしょう。また、対抗意識がとても強いので、良いライバルがいると「絶対に負けたくない」と闘志を燃やし、ひとりで頑張るときより遥かに力を発揮。さらに現実主義なので、お小遣いなどご褒美がかかっているとさらにやる気が倍増。

型にはめられていない、個性重視の学校が◎

規格外の才能を発揮する SUN の子どもは、画一化された教育制度ではその良さを活かすことができません。ガチガチに制約される環境より、生徒の個性を存分に引き出してくれるような校風が合っているでしょう。視野が広く海外志向も強いので、インターナショナルスクールなどもおすすめ。世界的に活躍する大人に成長するでしょう。

どこで勉強するのがベスト?

MOON

リビングで
勉強が◎

MOONの子は、親の顔が見えるリビングで勉強すると心が落ち着きます。ひとりきりで勉強するのは向いていません。友達と一緒に宿題したりするのも大好き。少人数の塾なども向いています。

EARTH

自分の部屋で
勉強が◎

自分と他者をハッキリ分けたがるEARTHの子は、ひとりで目標へと突き進みたいタイプ。兄弟と一緒の部屋はNGで、ひとり部屋を与えられることで、勉強の効率も格段に上がります。

SUN

その時の
気分で決める

SUNの子どもは気まぐれ。勉強する場所もその時の気分で決めるので、日によって合うところが変わるでしょう。計画性はなくてもやるときはやるタイプで、成績も不思議と優秀です。

どんな褒められ方で
モチベーションが上がる?

MOON

「○○さんが
褒めてたよ」が効果的

「いい子」と思われたいので褒められると嬉しがりますが、シャイなので直接褒められるよりも「お父さんが褒めてたよ」などと間接的に褒められた方が、素直に喜べるでしょう。

EARTH

褒める+
ご褒美でご機嫌に

現実的な成果を好むEARTHの子どもは、褒め言葉だけでは不十分。お小遣いやプレゼントなど、実際に報酬をもらえることで達成感を味わうことができるでしょう。ご褒美を与えてください。

SUN

とにかく大げさな
褒め殺しがGOOD

SUNの子どもは、とにかく褒められるのが大好き。「褒められて伸びる」を地でいく子なので、少し大げさなくらいの褒め殺しがちょうどいいでしょう。人前で賞賛されると、さらにやる気UP。

趣味 編

人生を豊かにしてくれる趣味に求めるものにも、それぞれの価値観が色濃く表れます。その傾向は小さな頃からハッキリ。好きなものにもちゃんと理由があるのです。

1

趣味の捉え方は？

MOON

趣味は友達を増やすもの

何においても人間関係を重視する MOON は、趣味を通じて知り合った人との関係もとても大切にします。学校や職場とは違って気楽に付き合えるのも、気遣い屋の MOON には一層心地よいのでしょう。そうして「趣味友」の輪が広がっていくにつれ、どんどん趣味自体も楽しくなり、さらに没頭していくようになります。

EARTH

趣味は実益も兼ねて行うもの

コスト感覚抜群・実利主義の EARTH は、どうせなら実益に結びつく趣味を楽しみたいと考えます。仕事の場で生きる趣味をたしなむことも多いでしょう。また、絵画でもその他のコレクションでも、どう高値で売れるかをつい頭の隅で考えてしまうことも。目標に向かって突き進むうち、趣味が高じて仕事になることもあります。

SUN

趣味は世界を広げるもの

SUN にとって、趣味は学校や仕事以外の自分の世界を広げてくれるもの。普段は会えない人と出会ったり、縁のなかった世界に足を踏み入れたりできることが醍醐味と感じていて、趣味を通して自分に箔をつけることを目標にしています。好奇心旺盛なので自然と多趣味になるでしょう。グローバルな趣味にも意欲的。

2

 幼い頃の趣味は？ —男の子編—

MOON	EARTH	SUN
電車が好き	自動車が好き	飛行機が好き

MOONは機関車が大好き。きちんと決まったルートの上を走るところに安心感を抱くからです。本や図鑑などで熱心に勉強し、「鉄道博士」と言われるほど豊富な知識を身につけることも。

自分の意志でどこへでも行ける自動車が大好きで、ミニカーを集めたりします。競争心が強いので、友だちのものと熱心に競わせることも。やがて自分が将来乗る車への夢を膨らませるように。

大空を自由気ままに飛び回る飛行機のプラモデルなどが大好き。もちろんロケットなど、宇宙に関連するものにも興味を示すでしょう。無限の可能性があるものに心奪われるのです。

3

幼い頃の趣味は？ —女の子編—

MOON	EARTH	SUN
みんなで仲良く ままごと遊び	ドールハウスで 自分だけの世界を	外国人風人形で 小さな頃から海外志向

和を大切にするMOONは、ままごと遊びで小さな仲良し一家を作りあげるのが倖せ。「私、お母さん。○○くんはお父さんね」と、それぞれの役割を決めてしっかり演じます。

「形を作ること」「自分のペースで自分の世界を作ること」に力を注ぐEARTHは、シルバニアファミリーのようなドールハウスに夢中。家族や友だちにも触らせず、お気に入りの世界を作り上げます。

インターナショナルな感性を持つSUNは、バービーやジェニーなど、顔立ちも雰囲気も外国人そのものの人形が大好き。自分も外国人だと空想しながら、異国の世界観に酔いしれます。

旅行 編

実は人間性が露（あら）わになりやすい旅行。それぞれのスタイルを理解しておけば、旅先でのいらぬ衝突を防ぎ、楽しく旅できること間違いなし！

1 あなたの旅行のスタイルは？

相手に「全お任せ」コースがスタンダード

協調性が命の MOON は、旅行の計画時も、必ずみんなと相談し、それぞれの意見を尊重。みんなが満足できる楽しい旅行のために力を尽くします。独断で決めることはなく、一緒に行く相手や他のメンバーに行程や場所などを全部決めてもらうのが常。自己主張はせず、相手に全部委ねて乗っかります。

MOON

自分が決めた完璧なプランの実施が理想！

人が勝手に決めた計画では納得できない EARTH。みんなの意見も一応聞きますが、基本は全部自分で決めたいというのが本音。しっかり者らしく、旅行のプランニングは得意です。宿選びからスポット巡り、移動手段まで、妥協なく選び抜いた充実の行程で満喫したいと考えています。

EARTH

海外で「非日常」を味わいたい！

細かいことにはこだわらない SUN ですが、旅行では非日常を味わいたいという強い願望を持っています。グローバル志向も強いので、行くなら断然、海外派。異国の地で自由に羽を伸ばしたいと夢見ます。遠方であるほど高揚しますが、近場のアジアでも十分満足。外国人がたくさんいる空間で非日常を味わい、疲れをリセット。

SUN

どこに行きたい？

MOON

国内の名所・旧跡を
のんびり巡りたい

日本が大好きな MOON は、国内の名所や旧跡を時間をかけてゆっくり巡るような旅が理想。古いものが好きなので、神社や仏閣にも惹かれます。旅先で出会った人たちとの交流も楽しみの1つ。

EARTH

観光もグルメも堪能できる
温泉はパーフェクト!

少しでもお得で充実した旅を楽しみたいと考えるのが EARTH。観光地巡りもグルメも楽しめる温泉は最適です。事前に欲張りな予定を組み、その通りに行動。できるだけ多くの観光地を訪れます。

SUN

気分さえ乗れば
どこでもOK

SUN にとって旅行とは、気の赴くまま、ふらりと行くもの。「思い立ったが吉日」の精神なので、天候や自分のコンディション、気分に合わせてどんどん計画を変更します。窮屈な予定は NG。

仕事 編

ここからは、「3分類それぞれにどんな接し方をすると心を摑めるのか」という視点から、スムーズに関係を結ぶための攻略法をこっそり教えます。まずは仕事編！

❶ どうやって商品を売り込むのがベスト？

「みんな持ってますよ」の安心感が効果抜群

いきなり商品説明するより、まずは丁寧な自己紹介などで距離感を縮めることが大切。関係性が築けてから、商品の素晴らしさを丁寧に説明すると良いでしょう。例えば「一つひとつ手作業で作っている」というように、どうすごいのかを詳しく伝えてください。また、「みんな持っている」は人と足並み揃えたい MOON へのキラーワード。

商品の魅力を比較や数値でわかりやすく

EARTH は時間にシビアなので、決められた時間内で効率的に商品の説明をしなければイラつかせてしまいます。余分な前置きや装飾はご法度。他社製品と比べて数値的にどのように優れているのかなど、具体的なデータを用いて簡潔に説明しましょう。「限定」「今なら」「特典」という言葉にも弱いので効果的に使って。

ビッグネームをチラつかせてスゴさをアピール

SUN には、長い話は禁物。話がダラダラしている時点でアウトです。ポイントは一言だけにして、とにかく「スゴい！」商品であることを強調してください。権力に弱いので、世界的な成功者などビッグネームをチラつかせると興味を示してきます。あとは「お目が高い」「さすがです」と褒めちぎれば契約成立！

② 大きなミスをしてしまった！どうやって謝るべき？

MOON

心から誠実に
謝って

MOON は相手の人柄がすべて。「申し訳ない」という思いさえ伝われば優しく許してくれるので、とにかく誠意を尽くして。逆に反省の色が伝わらなければ、例え金銭を積まれても許しません。

EARTH

なぜそうなったのか
明確に伝える

ただ謝るだけでは NG。ミスが起きた理由と今後の改善策を明確に伝えましょう。また EARTH は実質本位なので、謝罪の気持ちは割引や商品券など、形として表すと効果てきめんです。

SUN

上司・
責任者を出す

理論で訴えても響かないので、目に涙を浮かべるなど、感性に訴えかけましょう。また、トップの人と話をしたがるのも SUN 特有の性質。上司や責任者とともに謝罪すると怒りが収まります。

③ 3分類の部下のモチベーションを上げるには？

MOON

努力を認めて
やる気を引き出す

責任感や使命感など、形のないものを尊ぶMOONは、それを評価されるのが喜び。「お金のために努力したわけじゃない」というプライドがあり、「よく頑張ったね」の一言で倖せな気持ちに。

EARTH

出世より、褒め言葉より、
お金や時間を与えて

現実主義・実利主義のEARTHは、お金や時間が増えることがやる気向上の秘訣。メリットのない昇進を打診されても「年収が大して変わらないのに負担だけ増えるから嫌」とクールでしょう。

SUN

わかりやすい
出世や昇進を報酬に

権威や名誉、箔を重んじるSUNは、「係長から課長に昇進」など、わかりやすい昇進や出世にモチベーションを上げます。また、権威ある人からのお褒めの言葉や高い評価なども効果大。

響くアポイントの取り方は？

雑談で信頼関係を築いてから

相手の人柄を重視する MOON とは、まずは雑談で信頼関係を築くのがおすすめです。相手の心を摑めたところでアポイントの提案をすれば、陥落(かんらく)する可能性大。「いつでも伺えます」など、安心感と信頼感を与える言葉がキラーワードとなります。MOON は NO を言うのが苦手なので、無理をさせていないかには注意を。

時短派なので、「時間はとらせません」でプッシュ

時は金なりと考えている EARTH は無駄なことが大嫌い。お願いするときは、「10 分だけ」など、極力手間や時間をとらせないことを強調すれば心を動かせるかもしれません。時間には厳しいので、タイムオーバーすると信頼をなくします。10 分と伝えていたら 8 分で切り上げるくらいにしましょう。その潔さが再訪につながります。

直感命なので、共通点を探して盛り上がって

直感を大切にする SUN には、商品を細かく説明するよりも、何かしらお互いの共通点を見つけて盛り上がるのがポイント。ご縁や運命を感じ、心を開いてくれる可能性が高まります。また、予定を組まれるのが好きではないので、「今からお伺いしてもいいですか？」と一気にアポをとり、勢いで訪問すると好結果につながります。

交渉のときに気をつけることは？

MOON

EARTH

SUN

話は遮らず、じっくり最後まで聞く

MOONは、相手の人柄がすべて。どんなに良い内容でも、信頼できない人間とは契約しません。また、自分の話を聞いてもらうことで不安が緩和されるタイプなので、最後まで話を遮らないこと。

必要のない話をして時間を奪わない！

現実面を最重視するEARTHは、例えば商品であればその性能や値段だけにしか興味がありません。会社のバックグラウンドなど、関係のない話をして時間を奪うとたちまち不機嫌に。

とにかく面倒だと思われないように

SUNは複雑なことや入り組んだ作業が大嫌い。おまけに気分屋なので、面倒だなと思われたらそこでゲームオーバー。すべてお膳立てし、申込書のサインだけお願いするくらいがベスト。

恋愛 編

あの人が喜ぶことをこの人は嫌がったりと、恋愛に求めるものも人それぞれ。各タイプの恋愛傾向と攻略法を知れば、気になる相手の心を開くことができるかも。

1

うまく関係を続けていくためには？

MOON

スキンシップや愛情表現を大切に

MOON は、いつも恋人と一緒にいたいと思う甘えん坊。スキンシップも大好きで、愛する人と密着しているときにこの上ない倖せを感じます。自分が相手からどう思われているのかも非常に気にするので、何度も「私のこと好き？」と確認する場面も。面倒がらず、その不安を解消してあげるようにすれば、一層あなたを愛するでしょう。

EARTH

適度な距離感のある付き合いを

しっかり者の EARTH は、良識的な人との恋愛関係を望みます。計画性があって約束をきちんと守る人との関係が理想。また、恋人同士の間にも適度な距離感が必要だと考えていて、四六時中、一緒にいるような関係性は好まないので、あまり距離を詰めすぎないように。記念日にはプレゼントを贈りましょう。

SUN

干渉や詮索は絶対NG!

束縛が大嫌いな SUN は、恋愛も自由奔放に楽しみたいタイプ。恋人は大きな気持ちで付き合うしかありません。いちいち干渉したり、「昨日は何してたの？」などと詮索すると、たちまち不愉快な気持ちにさせてしまいます。その一方で、時にすごく甘えん坊になって相手を戸惑わせることも。自由人なのだと割り切りましょう。

効果的なアプローチの方法は？

MOON
ちょっぴり強引な態度に
ほだされるかも

相手に先に好きになられると弱い MOON には、少し強引に先制攻撃を。押しに弱いので、そのまま心を奪える可能性も。警戒心が強そうなら「お友だちも一緒に」と言ってあげると安心します。

EARTH
陽気にふるまうのが
恋の近道

自分軸がハッキリしていて、かつ何でも自分で選びたい EARTH は、自分が好きでもない人は残念ながら眼中にありません。その際は陽気に振る舞い、「会話が楽しい人」などと印象付けるのが近道。

SUN
恋の駆け引きで
心を奪って

恋人気取りや干渉するような態度は NG。多少突き放すくらいの駆け引きを駆使して翻弄（ほんろう）できると GOOD。外国人が好きなので、海外風のファッションやヘアスタイルをすると興味を引けるかも。

嘘の捉え方は？

MOON
嘘は相手を
傷つけないためのもの

MOON にとって嘘は、相手を傷つけないためにつく思いやりの表れ。だから意外と罪悪感はありません。けれど皮肉なことに、MOON の嘘は必ずバレてしまいます。そのときには挙動不審に。

EARTH
嘘も方便。
バレなければOK

人につかれた場合と自分がつく場合では嘘への意識が真逆の EARTH。人の嘘は絶対に許しませんが、自分の場合は「嘘も方便、バレなければ OK」という意識があり、時々嘘をつきます。

SUN
嘘ではなくて
サプライズ！

自由な発想をする SUN は、「嘘をついている」という概念すら持っていません。嘘はあくまで相手を喜ばせるためのサプライズ。軽いジョーク感覚なので、逆上されるとパニックに。

恋愛中、3分類に言っては いけないNGワード

MOON

「ベタベタしないで！」

不安が強く、常に相手からの愛情を確認していたい寂しがり屋の MOON。それを鬱陶(うっとう)しがったり、責めるようなことを言われたりすると意気消沈してしまいます。「あっちに行って！」「ベタベタしないで！」など、何気なく言ったのだとしても猛烈にへこんで再起不能に。たとえ心の中で思っていたとしても、口に出さないように。

EARTH

「少しは人に合わせてよ！」

相手には本音で話してもらいたいと思う EARTH ですが、自分の価値観から逸れた言葉には苛立ちを覚えます。EARTH の理想は、常に自分のペースで、自分の好きなように行動すること。だから「臨機応変に相手に合わせろ」と言われても反発心しか起きません。良好な関係を築きたいなら、ペースを尊重してあげましょう。

SUN

「言うことをコロコロ変えないで！」

その時の自分の感情や気分に寄り添って生きていたい SUN は、もはや人のペースを乱すのが趣味と言っても良いレベル。相手の発言もいちいち真剣に聞いていないし、自分の発言にもそこまで責任を持っていません。だから「言うことを変えないで」「約束を守って」などと言ってしまうと、心をザワつかせてしまいます。

3分類の女性の
ラブホテルへの誘い方

MOON

周囲の目が気になり
挙動不審に

ラブホ自体に興味はありますが、入り口で周囲の目を気にして挙動不審になってしまうのがMOON。できれば家で過ごしたいというのが本音です。ただ、一旦ホテルに入れば燃え上がります。

EARTH

抵抗なく
満喫できるタイプ

3分類中、最も抵抗ないのがEARTH。お気に入りのラブホの会員になってポイントを貯めたり、室内では映画鑑賞やカラオケを楽しんだりと最大限に満喫。レジャー感覚で楽しむことができます。

SUN

雰囲気重視なので
ガッカリされます

ムード命で、大切にされたい願望が強いSUN。ラブホから連想されるイメージそのものをあまり好まないので、誘ったらガッカリされる可能性大。高級なシティホテルなら喜んでくれるでしょう。

3分類の彼の女遊び事情が知りたい

MOON

基本的に
風俗は嫌い

人との関係性を大切にしたいMOONは、見ず知らずの人と肉体関係を持つプロのお店にそもそもあまり興味がありません。友人などの誘いで行ったときには、疑似恋愛を楽しみます。

EARTH

後腐れのない
風俗は大好き！

EARTHのモットーは限られた人生を思う存分エンジョイすること。よって、後腐れなく楽しめる風俗は大好きという人が多いでしょう。どうせなら毎回違う女性と楽しむほどの余裕を見せます。

SUN

プロの女性を
ホテルに呼ぶのが恒例

風俗のお店の雰囲気にどうしても馴染めないSUNは、ホテルにプロの女性を呼びます。一緒に食事をしたりと恋人気分を味わいながら、自分好みの女性に育て上げることに悦びを感じます。

人間関係 編

あらゆる人間関係の中で生きている私たち。相手の心のツボを知っておけば、さまざまなシチュエーションで良好な関係を築けるでしょう。

① 3分類のパートナーと
倖せな夫婦生活を続けるためには？

MOON

何でも話して、いたわり合う時間を大切に

パートナーとはお互いに特別な存在でいたいという思いが強いMOON。大事なことはなんでも話し合いたいし、いたわり合いながら生きていきたいと思っています。MOONのパートナーはそのことを覚えておき、自分の本音もさらけだすようにすれば、時を重ねるごとに心が強く結びついていくような2人になれるでしょう。

EARTH

依存しない自立した姿勢がミソ

「自分以外は他人」というドライな考え方を根本的に持っているEARTHは、ひとつ屋根の下に暮らすパートナーであっても、お互い依存せず、両者が自立している関係性が理想。各々の価値観や人生観を尊重し合いながら高め合っていきたいと思っています。EARTHにとってパートナーは「最も愛している他人」と言えるでしょう。

SUN

時には恋人、時には友人でいるのがベスト

SUNにとって夫婦とは、戸籍に関係なく、生活をともにするパートナー。お互いに束縛しない関係を望んでいて、理想はフランス婚。夫婦・家族でありながら、時には恋人、時には友人というように自由に形を変える関係性を居心地よく感じます。SUNのパートナーに求められるのは「こうあるべき」を求めないスタンスです。

3分類の友達との
ベストな付き合い方は？

MOON / **EARTH** / **SUN**

寂しさや不安を
包み込んであげる

対抗意識の強い EARTH
にとって、友達は同時
にライバルでもありま
す。

いいところを
見つけたら褒める

MOON にとって友達は、
肉親に近い大切な存在。
厚い信頼関係で結ばれ
たいと思っているので、
MOON の友達には本音
を隠さずに。また、相手
の話も聞いて寂しさを包
み込んであげましょう。

対抗意識の強い EARTH
にとって、友達は同時
にライバルでもありま
す。友人の言動を刺激に
して自分を鼓舞するの
で、お互いを高め合うつ
もりで接すると良いで
しょう。

褒められるのが大好きな
SUN には、良いなと思っ
たことは惜しみなく伝え
てあげると喜びます。反
対に何かを強要したり、
説教したりするのは NG。
即座に心のシャッターを
下ろされてしまいます。

3分類の家族との
向き合い方は？

MOON / **EARTH** / **SUN**

家族を愛する気持ちに
寄り添う

ちょっとクールな
ところも受け止める

「家族の中では王様」な
性質を理解してあげる

MOON にとって家族と
は、何よりも大事な存
在。家族の団らんが至福
の時間で、みんなで仲良
くいられることに倖せを
感じます。そんな気持ち
に寄り添ってあげると心
から喜ぶでしょう。

「自分は自分」という意
識の EARTH。家族に対
する感謝の気持ちはもち
ろん持ちつつも、各々が
独立した関係でいたい
という思いが強め。そん
なクールさも受け止める
と、良い関係を築けます。

SUN にとって家族は、
自分のわがままを押し通
せる居心地の良い場所。
家族の中では王様、自分
中心です。そんな性質を
理解してあげると、大き
な気持ちで向き合えるで
しょう。

ご近所さんとしてうまく付き合うには?

MOON

つかず離れずの距離感がベスト

気遣い屋の MOON は、ご近所付き合いにも神経をすり減らしがち。あまりにも疎遠だと寂しく感じる反面、親しくなりすぎても様々な心配事が頭をもたげてしまう危険性があります。MOON のご近所さんは、適度な距離感を持って接するのがベストと言えそう。つかず離れず、お互いに心地よくいられるくらいの関係性をキープできると良いでしょう。

EARTH

必要最低限の接触に留めるのが安心

3 分類の中で最も時間にシビアな EARTH は、自分にメリットがないと思うものにはなるべく時間を割きたくないタイプ。ご近所付き合いが心から楽しければ良いのですが、単に負担でしかないと感じると、途端に省きたくなってしまいます。意味のない立ち話も嫌いなので、ご近所さんは EARTH を不機嫌にさせないよう要注意。

SUN

余計な干渉はしないに限る!

SUN は、あまり接点のない人との付き合いには全く関心がありません。それはご近所付き合いも同様。面倒がってどうしても没交渉になってしまいがちです。特にマンションに単身で住む SUN は「隣は何をする人ぞ」状態に。SUN のご近所さんは、必要以上に深入りしようとすると鬱陶しがられてしまうので、深入りしないのがベター。

どんなプレゼントが効果的？

MOON

真心を込めた
手作りのものが響く

ともすると「怖い」と言われそうな手作りや手編みのプレゼントですが、愛情や真心を何より喜ぶMOONにはこのうえなく響きます。相手がどれだけ自分を思っているかに感激するでしょう。

EARTH

実用性があるものが
何より嬉しい

リアリストのEARTHは、雰囲気より真心より現実面優先。中身さえきちんとしていれば、包装紙などにはこだわりません。得することを喜ぶので、そのツボを押さえたものが好まれます。

SUN

本店で買った
ブランド物なら最高

箔と雰囲気を大事にするSUNには、例えば海外の本店で買ってきたブランド物などは最高に感謝されます。保証書、包装紙もマスト。中身が同じでもディスカウントショップの紙袋では×。

3分類それぞれの
口癖を知りたい！

MOON

「なんで？」「どうして？」
「なるほど」

コンセプトをとことん突き詰めて考えるMOONの口癖は、「なんで?」や「どうして?」。このセリフが出てきたら丁寧に説明すると納得します。ただ、「なるほど」と言うときは実は納得していないので要注意。

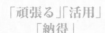

EARTH

「頑張る」「活用」
「納得」

地に足のついた努力家・EARTHの口癖は「頑張る」。相手が言った場合にも響きます。「活用」や「使える」も同じ。「個性心理學、今日から使えますよ」といったフレーズに弱いです。

SUN

「すごい！」「絶対！」
「面倒くさい」

感覚で話すSUNは、とにかく「すごい!」を連発。平均的なSUNで1日300回、ペガサスなら600回口にします。どうすごいのかしつこく追求すると、たちまち萎えさせてしまうので注意が必要です。

トラブル 編

トラブルが起きてしまったときにも慌てずに！　3分類の心の琴線に触れる言動を把握しておけば、効果的に問題解決へとつなげることができるでしょう。

1 ケンカしてしまって仲直りしたいときの効果的なアプローチは？

MOON

MOONが信頼している人に仲介してもらう

人との信頼関係を大切にし、調和の中で生きていきたいと願う MOON。もし関係性がギクシャクしてしまったら、MOON が信頼している人に仲介してもらうのが効果的です。また、頼られたり、必要とされたりすることに無上の倖せを感じるので、「あなたしかいないから」といったセリフは効果抜群。使命感に火をつけるのがポイントになるでしょう。

EARTH

自分の非を認める潔さがEARTHに響く

白黒ハッキリつけたい EARTH。自分に非がない場合は、それさえきちんとわかってもらえれば気が済みます。あなたにもし落ち度があった場合には、それを認めて素直に謝るのが得策でしょう。執念深く引きずるタイプではないので、その後はサッパリと切り替え、蒸し返さないのがベターです。

SUN

SUNを責めるのは絶対にNO

実は繊細で弱みを見られたくない SUN は、自分が責められることに耐えられません。ですから、ケンカしたときに SUN の非を責めてしまうと関係性は悪化するばかり。立場やメンツをとても気にするので、あなたが大人になって、立ててあげるのがベスト。良いところを褒めてあげると、気持ちのベクトルが変わって関係修復につながるでしょう。

2 3分類のパートナーと 夫婦ゲンカをしてしまったら？

MOON
じっくり向き合って
丁寧な話し合いを

MOON は、何事も話し合いで平和的に解決したいタイプ。ケンカをしたら、2人でじっくり向き合って話をしましょう。攻撃的な言動は NG。温かい態度で接すれば、より仲が深まります。

EARTH
同じことが起きないよう
ルールを作る

EARTH には、持って回ったような言い方をするのはタブー。余計にイライラさせてしまうので、自分が悪い場合は素直に謝りましょう。何事も明確にしたいので、ルール設定を提案すると乗ってくるかも。

SUN
レストランで
食事をしながら話し合う

SUN は、意外と傷つきやすくナイーブ。一方的に責めると逆上してしまうので要注意です。家の中で話をするより、気分を変えて外食などしながら明るく話し合いをするのがおすすめ。

3 相手が失態を犯したときは？

MOON
何回も謝りたい
気持ちを理解して

すぐに謝るうえ、いつまででも「ごめんなさい」と言っているのが MOON。SUN や EARTH からすると鬱陶しいというのが正直なところですが、その特性を優しく理解してあげましょう。

EARTH
こちらから責めると
返り討ちに遭う危険が

EARTH は言い訳の天才。ミスを責めると、逆に弱点を突いてきて返り討ちに遭ってしまいます。EARTH が謝ってきたらすぐ許してあげるようにすれば、関係悪化を防げます。

SUN
切り替えの早さを
許容してあげる

謝ったとしても一度きりなのが SUN。「本当にごめんね、さあ、ご飯に行こう」というようにすぐに態度を切り替えます。そこを責めてしまうと、即座に心を閉ざして他人扱いされてしまうので要注意。

３分類の発生比率は?

　Chapter2 で見てきたように、個性心理學では、12 匹の動物を３つのグループに分類しています。その発生比率は等分ではなく、以下のように大きく異なります。

① MOON グループ：約 35%
　（こじか・黒ひょう・たぬき・ひつじ）
② EARTH グループ：約 40%
　（狼・猿・虎・子守熊）
③ SUN グループ（天才チーム）：約 25%
　（チータ・ライオン・ゾウ・ペガサス）

　地球上で最も多いのが EARTH グループです。ですから営業戦略を立てる上でも EARTH の嗜好を無視したものは成功しません。世の中の多数決も、実は公平な方法ではありません。40%を占める EARTH の意見が必然的に通ってしまうからです。
　逆に、最も少ないのが SUN グループです。しかし、影響力が大きいので無視することはできません。特に外国人気質を持っている SUN は、海外戦略には欠かせない人材。プロモーションやイベントなどにおいても、高い営業センスや宣伝力のある SUN が高い能力を発揮するでしょう。
　ほぼ３分の１の MOON グループは、日和見派。この MOON がどちらにつくかで政権も変わってしまうほどです。MOON を敵に回すとネガティブキャンペーンを張られるので、しっかり関係を築いていなくてはならない、押さえどころとなります。

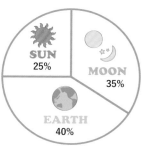

Chapter 3

これからの
新しい時代を
倖せに生きるために

激動の時代が訪れ、世界は大きく変わってしまいました。ここでは新しい時代を生きていくあなたに伝えたい、倖せになるためのマインドとコツを紹介。どんな世の中になったとしても、相手と自分をきちんと知ることは変わらない幸福のキーなのです。今後10年の運気と併せて活用を。

これからの新しい時代に 自分らしく生きていく方法

自分の本質を理解することは、 自分を受け入れること

自分らしく生きるために大切なのは、まず自分自身を理解すること。みなさんは生まれてから今日まで、長い時間をかけて「自分自身」と向き合ってきたことでしょう。でも、本当に自分自身をわかっていると言えますか？ 本当は、一番理解しがたいのが自分なのかもしれないとは思いませんか？ 「好きな自分もいれば、嫌いな自分もいる」「乗っているときとそうでないときの落差が激しい」「思っていることと考えていることとのギャップに悩まされる」……こんなふうに自分自身を摑めず、戸惑うこともあるかと思います。

人間とは、そんなに単純な生き物ではありません、人前でつい自分を偽ってしまったり、嘘をついてしまったりすることだってあるでしょう。心で思っていることと頭で考えていることが違って、ちぐはぐになってしまうことだってあるでしょう。

動物キャラナビでは、一人の人を、本質（個性）、表面（演じる自分）、意志（考える自分）、希望（将来像）と分けて細かく分析しています。このうちの「本質」こそが、あなた自身の本来の姿と言えます。本書で自分の本質を知ることにより、まるでお風呂に入る前に服（表面）を脱ぐように、あるいは仕事を終えて帰宅して化粧（表面）を落とすように、自分の本質を見つめることができます。これがあなたです。

自分の本質を知ることは、自分を受け入れることにつながりま

す。例えば私が桜の木だとしたら、２月にみんなに愛でられている梅を見ても悔しいとは思いません。自分には自分の個性と咲くべきタイミングがあると知っているからです。

　自分の個性を受け入れることで、「○○さんにはできることが、どうして自分にはできないんだろう」「自分の欠点が許せない」ということがなくなっていくのです。

　伊丹十三監督も、生前こう語っていました。**「自分に出会えない人生は、他者とも出会えない」**と。自分の本質を受け入れることで、私たちは、他の人とも初めて深く向き合うことができるのではないでしょうか。

POINT

桜の花は、梅の花を羨ましがらない

私はSUNタイプなんだ

私にはこんな才能があったんだ

私にとって一番大切なものは？

「どうせ私なんて……」をなくす 自己肯定感の高め方

自分の個性こそ最大の武器。 あなたはあなたのままでいい。

　「本当の自分＝本質」を知ることは、自己肯定感を高めることにつながります。

　胎内記憶で著名な産婦人科ドクターの池川明博士は、生まれる前の記憶をもっている子どもたちを集めてアンケートを取ったことがあります。「君は、何のために生まれてきたの？」という問いに対して、ほとんどの子が「お母さんを笑顔にするため」「社会に役立つため」と答えたそうです。

　このように自分の使命を知っている子たちは、自然と自己を受容することができます。**自分が生まれてきた理由を知ることこそ、自己肯定感を高める最善の方法なのです。**

　私たちは、少なくとも「倖せになるため」に生まれてきました。そして、両親を選んで生まれてきました。もしかしたら、自分の名前や生年月日すらも、自分で選んだのかもしれません。

　そう考えたら、**自分が選んで生まれてきた今回の人生を、与えられた使命を、全うしないわけにはいきません。**だからまずは、自分に何ができるのか、自分自身に問いかけてみてください。自分の今日の行いが、どんなふうに社会の役に立つのか。そんな意識を持って生きてみてください。

　「自分だからできることをして社会に貢献したい」という思いは、仕事のやりがいを感じることにつながります。命を授けてく

れた両親に感謝しながら、あなたが今、ここにいる意味を見出していってください。

「自分には何もできない」と落ち込むのは良くありません。どんな人にも、必ず何らかの役割があります。**あなたは大きな使命を担ってこの日本に生まれてきた、必要とされる人なのです。**その使命を果たすためには、今のあなたの個性を愛し、誇りを持ちましょう。例えばあなたが個性心理學のどのキャラクターであるかということにも、きっと何かしらの意味があるのです。

今の自分を認めるという行為こそが、自己肯定感の土台となるものです。もっともっと自分を愛して、自分を好きになってください。あなたは、あなたのままでいいのです。他人と比較して劣等感を感じる必要など、ありません。

POINT

誰にだって必ず、自分だけの使命がある

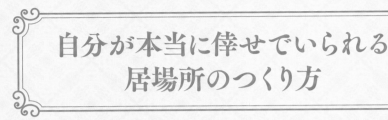

自分の武器・魅力を
最大限に活かせる環境を整えよう

　自分の個性＝あなたの本質であるとするならば、まず動物キャラクターを通じて自分の本質を知るとともに、強みや武器を理解しましょう。それこそがあなたが個性を最大限に発揮するために大切なこと。**成功したり、倖せになったりするためには、自分の魅力を知ることは必要不可欠**なのです。

　居場所とは、言うなれば「環境」を意味しますよね。**人間関係も、言い換えれば「人間環境」と言うことができます。自然界の「環境」とは違って、これは、自分の意志で変えることが可能です。**

　自分はどういう環境で力を発揮しやすいのか？　心に制限を設けず、のびのびと過ごすことができるのか？　反対に、どんな場面だと意欲をそがれてしまうのか？　「自分」というものをしっかり理解していれば、こういったことをナビゲーションに、あなた自身を取り巻く人間環境を整えることができるでしょう。それが、あなたの個性を最大限に発揮できる居場所をつくるということです。「自分の本質を理解し、受けとめる」ということからすべてが始まるのです。

　また、自分にとって心地よい居場所を作るうえでは、**相手と自分の相性や、「ヒューマンリレーション」という目に見えない力関係、あるいはお互いの運気を知ることも大切です。**個性の違いをお互いが認め合い、さらに尊重し合うことができれば、人間関係は大幅に改善されます。運気の悪い人を遠ざけるのも、自分の

運気を高める方法の一つです。往々にして、自分の運気が下がっている時に、運気の悪い人が集まってくるものなのです。そんな時は、自分から運気の高い人のそばに行くように心がけてください。

たとえ相手の運気がわからなくても、顔を見ればだいたいのことがわかるもの。人相の悪い人、他人の悪口ばかり言っている人、嘘ばかりついている人、感謝の心のない人は、そんな人格が顔に出てしまいます。また、なんとなくでも「相性が合わない」と感じることもあるでしょう。そういった人たちとは、ためらわず距離を置いてください。そうすることで、自然と運気のいい人や波動の高い人が集まってきます。こうして、あなたの居場所という環境を整えるのです。

POINT

「自分はどんな人間?」が
強力なナビゲーションとなってあなたを導く

人間関係のストレスがゼロになる コミュニケーションの秘訣

相手の個性を知ることで 面白いほど会話ははずむ

　もしあなたがフランスに行くとしたら、フランス語の辞書を持って行くはずです。少なくとも最低限の挨拶くらいは覚えていくでしょう。あなたがもし中国に行くとしたら、やはりあなたは中国語の基礎会話くらいは学んで行くはずです。フランス旅行に中国語のハンドブックを持って行っても意味はないですし、逆もまたしかりです。

　コミュニケーションもこれと同じ。相手に通じなければ、全く意味がないのです。私の知り合いのトップセールスマンの方々に共通しているのは、誰にでもわかる言葉で簡潔に話をするということです。彼らは「小学生に理解させることのできないセールスマンは失格だ」とすら言います。みなさんは、例えば自分の会社の商品を、小学生にもわかるようにプレゼンできますか？　同業の大人相手に説明することには長けていても、意外と難しいのではないでしょうか。

　一人ひとりの個性によって、響く言葉や喜ぶことは違います。同じ方法、同じ言葉で話したとしても、相手によってその受け取り方は全く異なるのです。コミュニケーションの最大のコツは、相手の個性に合わせた対応をすること。誰もに通じる万能な方法などありません。**目の前の人の本質をつかみ、その人の心に一番刺さるような方法でやりとりをすることが大切**なのです。

　本書の Chapter 2 では MOON・EARTH・SUN の 3 分類の日常生活での「あるある」、そしてそれぞれの攻略法を書き下ろしました。60 キャラに合わせたコミュニケーションはかなり熟練していないと難しいですが、3 分類なら比較的簡単に行えるはずです。

　個性の違いは価値観の違いにつながります。人は自分と異なる価値観を受け入れることは到底できません。だから**自分の価値観に寄り添った接し方をしてくる人には、自ずと心を開くようになる**のです。

　『動物キャラナビ』は、相手の心の合鍵を手に入れるための魔法の書。相手に響くコミュニケーションがどんなものかを知ることで、面白いほどその人との会話が弾むようになるでしょう。

POINT

誰もに通用する万能な
コミュニケーションスキルはない

自分らしく働くために今できること

時代が変わっても、環境を整える力は働くための必須スキル

あなたは、何のために働いていますか？ 「生活のため」「家の
ローンの返済のため」「家族のため」などいろいろあるかと思い
ます。新しい時代が訪れ、働き方も改革していくべき今、まずは
そのゴールを明確にしましょう。3分類の働き方の目的を見てみ
ると、

● MOON は、世のため人のため

● EARTH は、より良い生活を送るため

● SUN は、成功するため、夢を叶えるため

となります。ここに「自分は何のために生まれてきたのか？」と
いう壮大なテーマも合わせながら、「何のために働いている？」
の答えを改めて見つめてみましょう。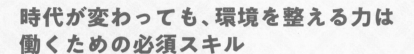深く自分の気持ちを内観す
ることで、なんとなくでも答えが見つかるかもしれません。それ
が自分の仕事の意義へとつながるでしょう。

私が働き始めた昭和時代と違って、今では職業の幅も広くなり、
転職や起業も当たり前になっていますよね。ちなみに3分類それ
ぞれの転職の理由ですが、主に

● MOON は、職場の人間関係が嫌だから

● EARTH は、自分の実力や実績に見合った報酬が受けられない
から

● SUN は、同期よりも出世が遅れたから

となります。

　さまざまな事情があると思いますので一概には言えませんが、「今いる場所が合わないから、もっと自分に合った会社に転職しよう」といった安易な考えでは行き詰まってしまうこともあります。辞めて次の会社に行ったとしても良好な人間関係は約束されていませんし、自分だけ優遇されることもなかなか難しいでしょう。移った先でもまた、煩わしい人間関係や嫌味な上司、過酷な仕事が待っているだけなのかもしれません。

　でも、**動物キャラナビを活用して、関わり合う人たちの心の合鍵を手にし、それを活かすような対人スキルを身につけることができたら……それはあなたにとって、場所を選ばずに使える最高の財産となります**。居場所を変えるより、根本的な考え方を見直すことの方が、時にはずっと効果的だったりするのです。

　自分の働く意識を変えること、周りの環境を整えること。このスキルは不滅のもので、決して周囲に脅かされることはありません。「環境を整える力」を高めることで、場所を移らずとも解消できるトラブルや悩みはたくさんあるのです。

　動物キャラナビを活かして、自分や相手の個性や強み、相手の個性や運気をもとに人間環境を整えることで、今いる会社が、違った場所に見えてくるかもしれませんよ。

POINT

「環境を整える力」はあなたの財産になる

過去の辛い記憶や未来への不安を乗り越えていくために

咲き誇る時期は、人それぞれで違うもの

　人生は、いいことばかりではありません。辛いときもあれば悲しいときもあります。時には挫折を味わい、立ち直れないような気持ちになることだってあるでしょう。

　でも、人生にはタイミングやリズムというものがあるのです。**だから辛いことが起きても、自分を責めるのはやめましょう。それは単に、トキのリズムが悪かっただけなのですから。**

　詳しくは次の項目からお伝えしますが、**人にはそれぞれ咲き時があります**。だから私が桜だとしたら、2月に咲いて賞賛されている梅を見ても、羨んだりはしません。4月になれば、自分も梅とはまた違った魅力で咲き誇ることを知っているからです。

　人生もそれと同じ。動物キャラナビでトキのリズムを知れば、もう運気に翻弄されることはなくなるでしょう。自分の咲く時期もわかるはずです。

　辛いときや悲しいときは、いつまでも続くものではありません。トンネルを抜けた先には輝かしい未来が待っているのです。焦りは禁物です。時間が解決してくれることは思っている以上にたくさんあるのです。

　私は、困難や苦難を経験していない経営者、成功者には会ったことがありません。みな「あの頃の苦労が懐かしい」「あの挫折を経験しなかったら、今の自分はいなかった」と、口々にそう言います。**辛いときこそ人間が最も成長できるとき**なのでしょう。

だからあなたが今辛い状況にいるのだとしたら、そこにも必ず意味があるのだと信じてください。

　また、常に私たちにつきまとう人間関係の悩みを、倖せな人生の足かせだと感じる人も多いでしょう。他人からの誹謗中傷や嫉妬で辛い思いをした経験は誰しもが持っていると思います。心理学者のユング博士は、倖せの条件の一つを「人間関係が良好であること」と定義づけました。人間関係は、私たちが思っている以上に「倖せ」と大きく関わってくるのです。

　もしあなたの周りに自分を誹謗中傷するような人がいたら、ためらわずにすぐ断捨離してください。環境の整理はより良い人生のためには必要不可欠です。そして、自分のステージを上げてください。そのような人たちと同じ土俵にいるのはよくありません。あなたのステージが上がれば、そこにはあなたに相応しい人が大勢いることでしょう。そうすればもう、煩わされることもなくなります。

POINT

暗いトンネルの先には、明るい未来が待っている

自分の力を発揮したいなら 好調期・低調期のリズムを知ろう

「トキのリズム」を味方につけて 今の感情とうまく付き合う

　私は、常にやる気に満ちあふれている人には会ったことがありません。もしそんな人がいたら、もはやその人は病気です。**落ち込むこともあれば、やる気の出ないときだってある。それが当たり前なのです。**

　自分のモチベーションをコントロールするために役に立つのが動物キャラナビの「トキのリズム」＝周期です。私たちは、自然界に存在する周期やリズムという、いわば「宇宙の法則」の中で生きています。そこには当然、波があります。この波のリズムを知ることが、モチベーションの維持やアップには欠かせません（「トキ」については詳しくは p.177 で解説）。

　自分を取り巻くトキのリズムを知らないまま過ごしていると、感情は制御不能に陥ってしまいます。**トキのリズムと気持ちはリンクしていますから、その周期を知ることで、うまく自分の感情をコントロールできるようになる**のです。たとえネガティブな感情に襲われたとしても、そのときの自分のリズムを知ることで、客観的にその状態を見つめることができます。やる気の出ない自分をむやみに責めたり、自己嫌悪に陥ったりすることもなくなるでしょう。思い通りにいかない時期があったとしても、こうしてロングスパンで人生を見つめることができるようになれば、心の持ちようが変わってくるはずです。

　また、トキのリズムは時間管理にも大きく影響を与えます。EARTHは、もともと時間の管理が上手なので、物事を効率的、かつ計画的に進めることができますが、お人好しのMOONは、自分のためより、大切な誰かのためのほうが時間を上手く管理できます。SUNにはそもそも時間という概念がなく、成功のために必要なプロセスを考えたときに、初めて時間を意識します。

　このように3分類によって時間の捉え方は全く異なりますが、トキのリズムを味方につければうまく時間と向き合えるということは全タイプに共通しています。

　トキのリズムに合わせて時間を管理し、計画を立てることは、どんな夢や理想の実現にも大切です。それを疎かにすると、理想は「絵に描いた餅」となってしまうでしょう。人生は無限ではなく有限です。限られた時間の中で最大の結果を出すためには、リズムを味方につけて、時間を上手に管理する習慣をつけましょう。

POINT

やる気が出ないのは、そういう時期なだけ

自分の運気のリズムを知れば 豊かな気持ちで人生を歩める

人の運気は、壮大な宇宙のリズムに 呼応している

　何をやっても上手くいかない日もあれば、物事が何でも思い通りに進む日もあります。めちゃくちゃモチベーションが高い日があるかと思えば、はてしなく落ち込む日もあります。

　こんなふうに同じように過ごしているつもりでも、日によって全く違った状況になるのはなぜでしょう。それは、私たちは目に見えない「運気」に支配されて生きているからです。だから時として、自分の力ではどうしようもできないものに翻弄されることに、無力感を抱いてしまったりするのです。

　そんな中でどうやって生きていけばいいのかというと、答えは簡単です。「自分の運気＝トキのリズム」を知ればいいのです。そうすれば、やたらと落ち込んだり、卑屈になったりすることはなくなります。

　この宇宙は、すべて一定のリズムで成り立っています。**春夏秋冬があるように、人間にも咲く時期と咲かない時期があります。**植物たちは、自然界のリズムに呼応して生きています。梅は２月に咲くし、桜は４月に咲きます。冬に咲くひまわりはありません。**２月に咲いている梅を見て「なんで私は咲けないのだろう」と悩む桜はいません。冬に咲こうとするひまわりもいません。**それでいいのです。梅や桜は、自分が咲く時期を知っているのです。あなたも、自分の咲く時期を知りたいとは思いませんか？

では、リズムとはいったい何なのでしょうか？　個性心理學では「リズム＝周期」と解釈しています。**この世の中の物質は、すべて一定の周期を持っています。人間も同じです。生まれながらにして持っている、人それぞれの周期＝トキのリズム（p.18 〜 19 参照）があるのです。**

目先のことに翻弄されず、あなたの花をのびのびと咲かせるためには、**10 年周期で巡る大きなリズム**を知っておくと良いでしょう。

10 年のリズムは「開墾期」「発芽期」「成長期」「開花期」「収穫期」の 5 期からなり、それぞれ 2 つに分かれるので、合計 10 ステップとなります。その一つひとつを「トキ」と呼び、これは一年で移り変わります。「開墾期」には整理・学習、「発芽期」には活動・浪費、「成長期」には調整・焦燥、「開花期」には投資・成果、「収穫期」には転換・完結というトキがあります。p.180 〜 181 で、それぞれのトキが 10 年の中でどのような意味を持つのか見てみましょう。

生まれ持った「トキ」のリズムは、「大樹」から「雨露」までの 10 種類に分かれます。くわしくは p.182 から解説します。

POINT

運気の流れを知ることが、心の安定につながる

自分の「トキのリズム」を チェックしよう

10年単位で運気の流れは一巡する

　では、いよいよ自分の運気を確認してみましょう。自分のリズムとトキがどれに当たるのかは、60 の動物キャラクターによって決まります。**動物それぞれは「大樹」「草花」「太陽」「灯火」「山岳」「大地」「鉱脈」「宝石」「海洋」「雨露」の 10 種類の「天のエネルギーリズム」に当てはめることができ、これによって運気が決まるのです。10 ステップのトキは一年ごとに移り変わり、10 年で一巡するという仕組みです。**

　まずは、p.18 ～ 19 の「60 分類キャラクター対応表」から自分のエネルギーリズムを確認してみましょう。そして次に、そのエネルギーリズムの具体的な運気の流れを確認します（それぞれの運気は p.182 ～解説）。運気の流れには正行運と逆行運の 2 種類あり、正行運は「大樹」「太陽」「山岳」「鉱脈」「海洋」、逆行運は「草花」「灯火」「大地」「宝石」「雨露」が該当します。（右図を参照）。右ページのように、運気をグラフにしてみると、自分のリズムが一目でわかりますね。

　10 年単位で見ると、低調期は 3 年に過ぎません。「石の上にも 3 年」という諺がある通り、大変なトキは 3 年以上は続かないのです。人は、運気がいいと「こんな好調期がいつまでも続くはずがない」とチャンスを逃し、逆に運気が悪いと「いつまでもこんな不運が続くんだ」と勝手に思ってさらに運気を下げてしまうものなのです。「あと 1 年でトンネルを抜けて、明るい未来が待っている」と思えば勇気や希望もわいてきます。**ずっと好調期だけの人もいなければ、永遠に低調期という人もいない**のです。

正行運・逆行運の運気の流れ

それぞれのトキの運気を10段階で表しています。運気が高いところはグラフも高く、運気の低いところはグラフも低くなります。

正行運（大樹・太陽・山岳・鉱脈・海洋）

※整理→学習→活動→浪費→調整→焦燥→投資→成果→転換→完結の順に変わる

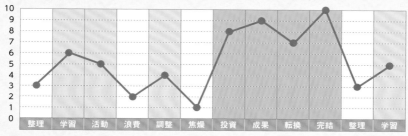

逆行運（草花・灯火・大地・宝石・雨露）

※学習→整理→浪費→活動→焦燥→調整→成果→投資→完結→転換の順に変わる

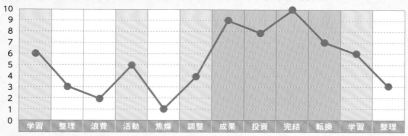

運気	トキ	エネルギー
1 2 3	焦燥・浪費・整理	〈低調期〉エネルギーが低く、破局やあまり良くない出会いなどがある。注意しよう。
4 5 6	調整・活動・学習	〈安定期〉エネルギーが安定している時。大きなトラブルもなく、順調に進んでいきます。
7 8 9 10	完結・成果・投資・転換	〈好調期〉エネルギーが高く、良い出会いが多い。恋愛運も好調で、積極的に動きましょう。

◀グラフの見方

トキの流れは正行運と逆行運によって変わる。運気のレベルはトキごとに異なり、グラフにしてみると一目瞭然。

　上図は正行運・逆行運それぞれの10年周期のバイオリズムです。ぜひ、今後の生き方や行動の指針としてください。そしてp.182からは、各エネルギーの今後10年の運気リズムと、これからの生き方についてアドバイス。「個の時代」を迎える中、ますます自分の個性を発揮してのびやかに人生を送る秘訣を教えます。

運気のリズムは「開墾期」「発芽期」「成長期」「開花期」「収穫期」の5期に分類されます。それをさらに2つずつ、計10のステップに細分化したものが「トキ」です。今、自分はどの「トキ」にいるのかを把握することができれば、運気の流れを味方につけることができるでしょう。次のページからはいよいよ、各エネルギーリズムの今後10年の運気とアドバイスをご紹介。

周期

開墾期

**さあ、これからの10年のために、
あなたの大地を開墾しよう**

手つかずの広大な大地を耕し、種をまく準備期間。大変な時期ですが、ここでの苦労がやがて大きな実を結びます。どれだけ丁寧に土を耕し、適切な肥料を与えたかでこの先の未来が変わります。不要なものを整理して、どんな種をまくのかじっくり考える学習期。

発芽期

**地面から顔を出した芽がどんどん成長。
エネルギーも大いに消費するトキ**

まいた種がやっと地面から芽を出し、発芽する時期。新たなスタートを迎えることとなるので、最も多くのエネルギーが必要となる、デリケートなトキとなります。投げやりにもなりやすいトキですが、明るい未来を信じて、まだ小さな芽を大切に育んでいきましょう。

成長期

**太陽の光を浴びながらスクスク伸びていく。
周囲との軋轢（あつれき）には注意**

降り注ぐ太陽の光を全身に浴びて、めざましく成長するたくましい時期です。成長期の子どもの服がすぐに窮屈になるように、古い自分から脱皮する時期でもあります。自分に集中するあまり、周囲と衝突しないよう注意。大らかな気持ちを忘れなければ、大きく成長できます。

開花期

**これまでの努力が報われ、
美しい花が咲く喜びのトキ**

地道な努力が報われて、大輪の花が咲く倖せな時期。これまでの苦労が結果となって表れ、人生が好転するでしょう。美しい花に蝶が集まるように、あなたの周りにも人が集まってきます。公私にわたり充実する順調期ですが、こんなときこそ感謝の気持ちを忘れずに。

収穫期

**10年間の集大成！
いよいよ実を収穫する、達成期**

土を耕すところから始まり、大切に育ててきた実をついに収穫するクライマックス。待ちに待った一年と言えます。非常に忙しくなりますが、同時に最も充実したひとときに。この恵みに感謝して喜びを分かち合うとともに、次の開墾期に向けて準備を始めて。

リズム

整理

気分的にはスッキリしないことが多いかもしれません。こんなときこそ持ち物や人間関係の断捨離をして心の整理を。プラス思考が吉！

学習

思考はスッキリしてくる時期。何かを学ぶには最適なトキです。湧き出てくる好奇心を満たしながら、知識を吸収したり、教養を深めたりしましょう。

活動

気力も体力もぐんぐん高まり、新たな息吹が生まれるスタートの時期。新しいことにチャレンジするには最適なトキです。

浪費

エネルギー、お金ともに消費しやすい時期。投げやりになりがちな時期でもあるので、無理をせずに休息を取りましょう。強気な行動は控えるのが◎。

調整

周囲の人との間にハーモニーが生まれ、人間関係が良好になる時期。物事も順調に進み、心身ともにリラックスして過ごせるでしょう。

焦燥

大胆な行動で自分の殻をぶち破っていく脱皮のとき。神経過敏になり、キレやすくなる傾向が。心に余裕を持ちましょう。運転にも注意。

投資

闘志が湧いてくる、ファイトみなぎる時期。今後の運命を左右するような出会いも期待できる、ワクワクすることに満ちあふれるトキ。

成果

仕事運、金運が最高潮のトキ。何をやっても上手くいきますので、気になることには積極的に挑戦を。ギャンブル運も強いので、一攫千金の可能性も！

転換

変身願望が高まる時期。イメチェンや引越に向いていますが、衝動が強くなり、周囲とぶつかる危険が。心変わりしやすい時期でもあるので、浮気にも注意。

完結

何事もうまくいく年。これまでやってきたことの結果が出る、いわばご褒美のような一年。特に女性は一番美しく輝く時期なので、結婚にも最適。

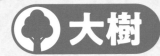

大樹の今後10年の運気リズム

① 長距離ランナーのチータ　⑪ 正直なこじか　㉑ 落ち着きのあるペガサス
㉛ リーダーとなるゾウ　㊶ 大器晩成のたぬき　(51) 我が道を行くライオン

基本性格

強くそびえ立ち、天に向かってまっすぐ伸びる大木のように、一本気な性格で曲がったことが大嫌い。人に媚びず、努力を惜しまず、自分の信念を貫きます。

各年のエネルギーの動き

2021年

収穫期
完結

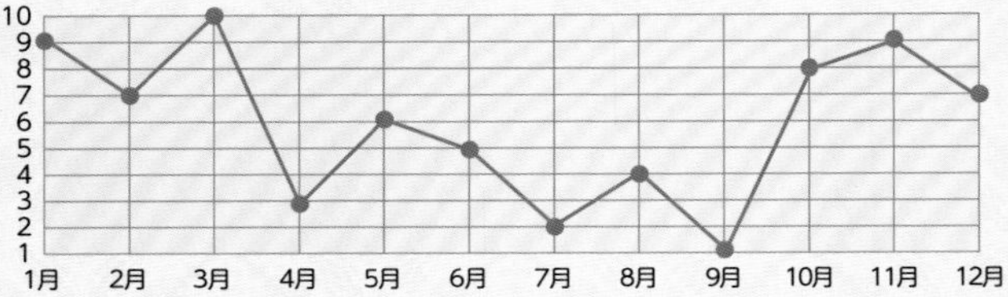

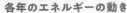

2022年

開墾期
整理

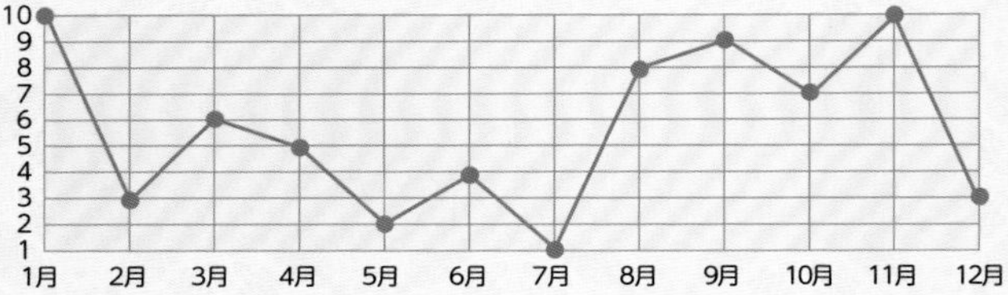

2023年

開墾期
学習

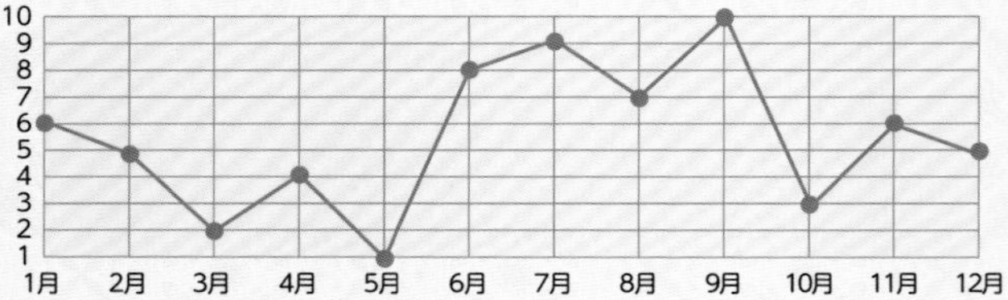

2024年

発芽期
活動

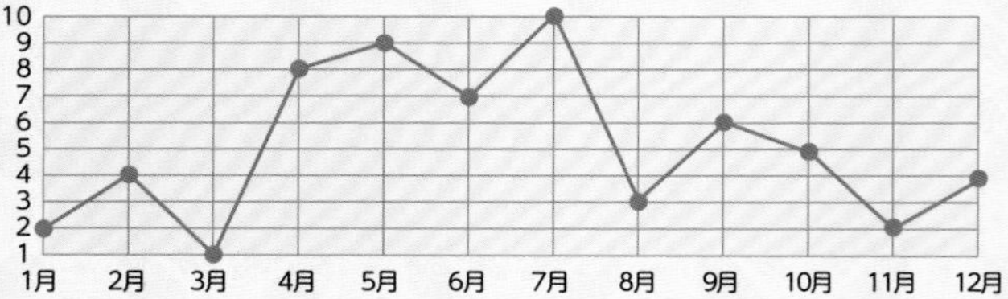

2025年

発芽期
浪費

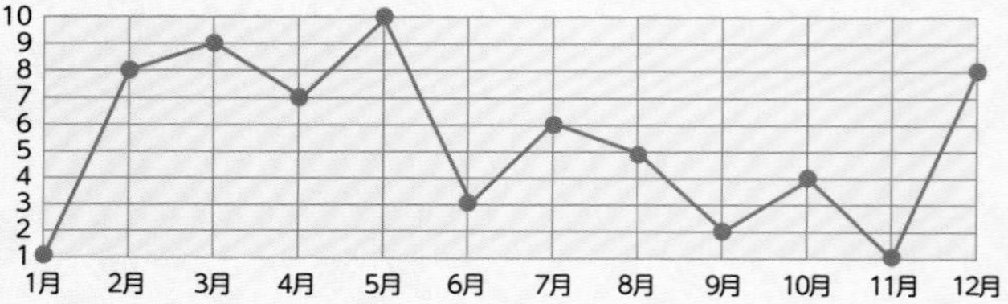

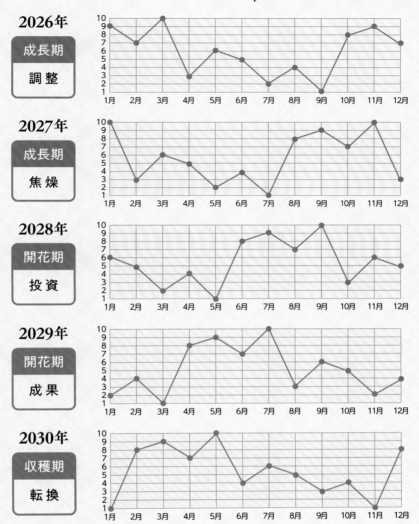

2026年
成長期
調整

2027年
成長期
焦燥

2028年
開花期
投資

2029年
開花期
成果

2030年
収穫期
転換

— ❧ POINT ☙ —

今後 10 年間の中盤からはなかなか思い通りにならず、自分と葛藤（かっとう）する
場面も。仕事もプライベートも壁にぶつかり、ストレスを感じてしまい
そう。しかし、終盤に最後の試練を乗り越えると運気が一気にアップ！
有終の美を飾れるので、めげずに努力を続けていきましょう。

大樹の動物たちのこれからの生き方

頑固な大樹のキャラたちは、組織の中では肩身が狭く感じるかも。あまり神経質にならず、大きな可能性を信じて自分らしさを貫くことで、格段に生きやすく。

① 長距離ランナーのチータ

基本的にチータはスタートダッシュが得意な短距離ランナーですが、このチータに限っては持続力が持ち味。新時代も目標に向かって、持ち前のチャレンジ精神を発揮して突き進んでください。逆境にも強いので、どんな困難もそのバイタリティで乗り越えられるでしょう。恋愛体質なので、恋愛と仕事の両立が成功の鍵。

⑪ 正直なこじか

正直すぎて思っていることがすぐに顔に出てしまうあなたは、嘘のつけない人。これからはその特性を大いに活かし、自分の気持ちに素直に生きていきましょう。思い通りにならずにスネて周囲を困らせるのも、ご愛嬌。もともと優しさあふれる人なので、そのわがまますらも魅力に。多くの人を惹きつけ、笑顔にさせることができるでしょう。

㉑ 落ち着きのあるペガサス

落ち着きがあると言っても、それはあくまで「ペガサスの中では」という意味です。今後もペガサスらしく、自由奔放に大空を駆け巡ってください。前半は多少苦戦しても、時間の経過とともにどんどん運気は上向きに。あなたのユーモアとセンスは唯一無二のもの。日本で生きるのを窮屈に感じたら、状況が許せば時々海外へ飛び出して。

31 リーダーとなるゾウ

ゾウの中でも特に風格があり、独特のオーラを放つタイプ。自分の信じる道を堂々と進むことが幸運につながります。屈強そうな印象に反し、非常に繊細なハートを持ちますが、小さなことは気にせず、10 年後を見据えて行動することで大きな成功を手にすることができるでしょう。目先のことにとらわれず、広い視野を持つのがポイント。

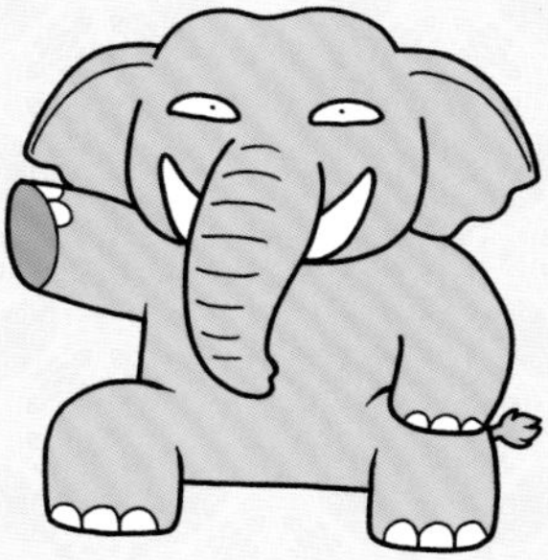

41 大器晩成のたぬき

大願成就までには多少時間がかかるかもしれませんが、大器晩成のあなたなら大丈夫。浮気心を起こさずに１つのことに精進すれば、必ず応援してくれる人が現れて願いが叶います。友情を大切にすることで、自分にも運が向いてくるでしょう。もともと強い運を持っている人なので、あとは自分をひたすら信じ、努力を惜しまないこと。

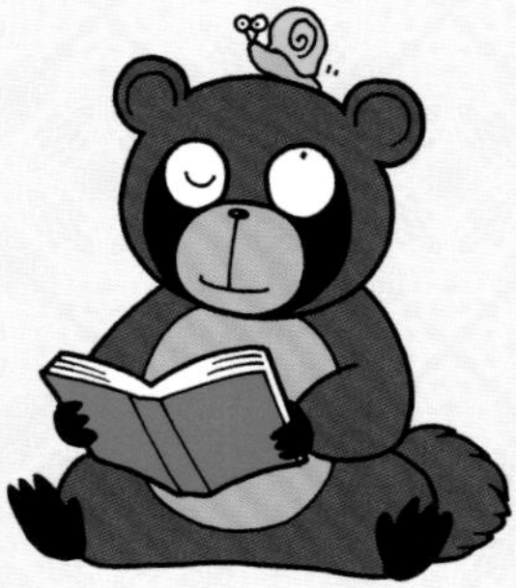

(51) 我が道を行くライオン

他人の意見に耳を傾けない頑固なナルシスト。「自分が一番大好き」なところを大切に、今後も高い自己肯定力を持っていきましょう。百獣の王らしい威厳を持ちながらも、甘えん坊なところもあるので、年上の人の力をうまく借りられれば運気アップ。褒められて伸びる人でもあるので、優しいパートナーがいると人生の流れがよくなります。

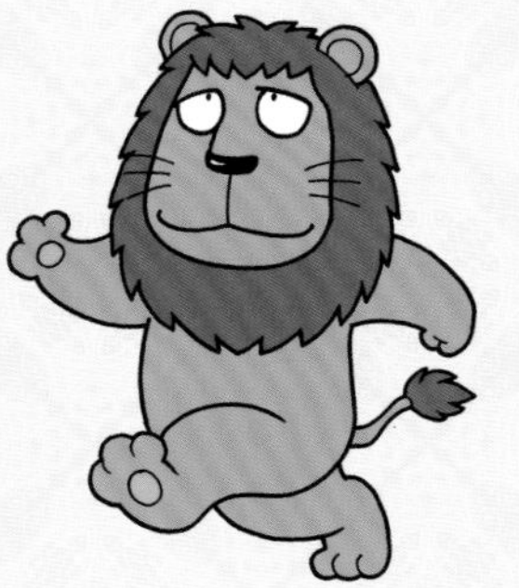

 **草花** **の今後10年の運気リズム**

- ② 社交家のたぬき
- ⑫ 人気者のゾウ
- ㉒ 強靭な翼をもつペガサス
- ㉜ しっかり者のこじか
- ㊷ 足腰の強いチータ
- ㊽ 統率力のあるライオン

基本性格

風にそよぐ草花のようにしなやかで、人の心を和ませる人。社交的なので八方美人と思われることもありますが、気にせずその処世術に自信を持って。

各年のエネルギーの動き

2021年

収穫期

転換

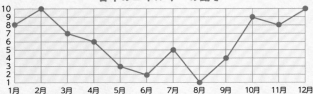

2022年

開墾期

学習

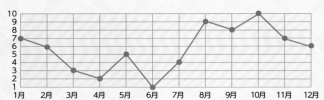

2023年

開墾期

整理

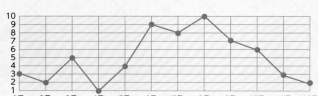

2024年

発芽期

浪費

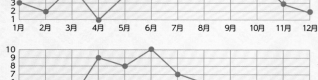

2025年

発芽期

活動

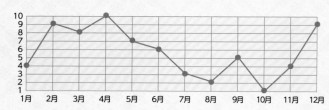

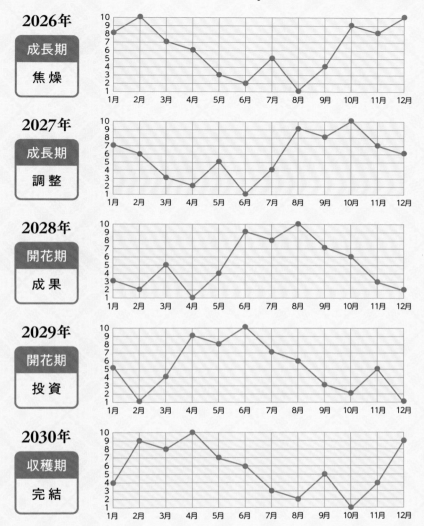

2026年
成長期
焦燥

2027年
成長期
調整

2028年
開花期
成果

2029年
開花期
投資

2030年
収穫期
完結

POINT

激動の10年ですが、右肩上がりに運気は上昇。自分を取り巻く環境が大きく変わることで、中盤には苦労も強いられますが、終盤には盛り返しますので心配いりません。あなたの協調性が仇（あだ）とならないように、時には自己主張をハッキリと。三日坊主で終わらせない努力も大切です。

草花の動物たちのこれからの生き方

周囲を細やかに気遣う草花の人は、初対面の人ともオープンに接します。
抜群の社交性と、踏まれても起きる草の強さを発揮し、人脈拡大を！

② 社交家のたぬき

人当たりがよく気配りを欠かさない人ですが、親しく
なった相手には気を遣わなくなってしまうので、その点
には注意。人を惹きつける魅力にあふれているので、今
後もリーダーとして自信を持って生きていきましょう。
過ぎたことばかり振り返っていると、せっかくの運気を
逃してしまうので、過去を断ち切ることも大切。

⑫ 人気者のゾウ

人の気を逸らさない社交術を武器に、今後も魅力的な人
脈を築き、みんなに愛される存在でい続けるでしょう。た
だ、白黒ハッキリさせるのが苦手なので、曖昧な態度で誤
解を生むことも。気分で発言が変わるところにも注意すれ
ば、一層信頼されます。人生の序盤には試練もありますが、
地道に努力を続けることで後半は大きく花開きます。

㉒ 強靭な翼をもつペガサス

常に前向きな楽天家で、新時代も変わらずピンチをチャ
ンスに変える天才。しなやかで強靭な翼を広げ、上昇気
流に乗ってどこまでも飛んでいくでしょう。のみこみも早
いので、どんな仕事もすぐに習得していけますが、飽きっ
ぽいのが玉にキズ。「遊ぶように働く」姿勢は大事にしな
がらじっくり取り組めば、一つの道を極められそう。

㉜ しっかり者のこじか

お札を数えているイラストからもわかる通り、お金に無頓着なように見えて意外としっかりしています。実際に金運もあるので、今後、ピンチに見舞われたとしても臨時収入に恵まれるでしょう。物腰が柔らかく、誰にでも親切な愛されキャラですが、自分の本音に素直になることで、もっと身軽に生きられるようになります。

㊷ 足腰の強いチータ

踏まれても踏まれても立ち上がる雑草のような、足腰の強さが魅力。マルチに能力の高いオールラウンダーなので、序盤の課題多き時期も颯爽（さっそう）と乗り越えていけるはず。空気を読むセンスが抜群なので、一瞬でその場に溶け込めるところを生かして、自分の世界を広げていきましょう。果敢に攻めてOK。

㊾ 統率力のあるライオン

みんなをまとめるリーダーとしての資質を持つ絶対王者は、新時代も引き続き、高い統率力で頼りにされそう。人心掌握術（じんしんしょうあくじゅつ）に長けているので、多彩な人脈を構築していくでしょう。自分の信念は守りつつも、他人の忠告にも耳を傾けられるようになると、軸のある人格者としてさらに実力を発揮できるようになります。運気は終盤にかけてどんどんアップ。

☀ 太陽 の今後10年の運気リズム

基本性格

明るく熱血で太陽のように華やか。人を惹きつける魅力にあふれています。仕事も趣味も楽しみながら天真爛漫に生きる、情にもろくて純真な人。

各年のエネルギーの動き

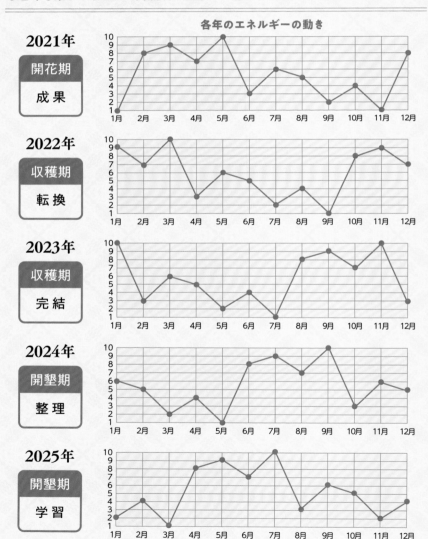

2021年

開花期

成 果

2022年

収穫期

転 換

2023年

収穫期

完 結

2024年

開墾期

整 理

2025年

開墾期

学 習

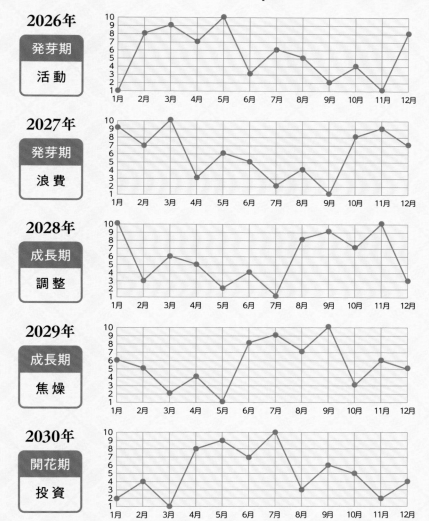

✧{ POINT }✧

序盤は何もかも思い通りに事が運ぶでしょう。人間関係も良好で、仕事も楽しくて仕方ないといった感じになりそう。そこで調子に乗らず、あらゆることにしっかり感謝する姿勢を大切に。ややペースダウンしてくる中盤以降は、立ち止まってじっくり自分と向き合うのがGOOD。

太陽の動物たちのこれからの生き方

エネルギッシュで無邪気な人柄は、新時代でも人の心を照らします。特に好調なスタートを見せる序盤は、湧き上がる気持ちのままに、自信を持って前進を。

③ 落ち着きのない猿

絶好調期にいる今、迷わず何にでも果敢にチャレンジしてください。人生もゲームだと割り切って、とことんエンジョイしてこそ自分を生かせます。まずは一面をクリアするつもりで、軽快に、でも着実に前進していきましょう。10年間の後半戦には課題が表れるかも。身動きのとりやすい序盤に、勝負強さを発揮しながらスタートダッシュを。

⑬ ネアカの狼

人と同じ土俵で勝負するのではなく、自分の世界を極めることを目指しましょう。自分だけの世界で、誰も真似できないようなことに挑戦すると人生の意義を感じられます。ペース配分が重要になるので、中盤までは駆け抜けるくらいの意気込みを持つと◎。後半はややペースダウンが予想されるので、それまでの余力で走るくらいの気持ちで。

㉓ 無邪気なひつじ

これまでの葛藤から解き放たれて、思い通りに物事が展開する素晴らしい幕開けになりそう。周囲の人への感謝の気持ちや謙虚さを忘れずに、羽目を外さないように生活してください。親孝行やお墓参りなども積極的に。挫折を味わってきた人は、それを乗り越えた経験を大いに生かせるような10年間になります。

33 活動的な子守熊（コアラ）

地球に生きている動物の中で一番睡眠時間が長い子守熊（コアラ）。しかし、この先の 10 年は、長い眠りから覚めたようにエネルギッシュな毎日が待っています。めまぐるしい環境の変化や新たなビジネスチャンスの到来は刺激的な反面、あまりの忙しさでスローペースな子守熊（コアラ）にはやや過酷に感じるときも。休む勇気をしっかり持って過ごして。

---

43 動きまわる虎

動きを封じられていたあなたが、いよいよ走り出せる最高のタイミングがやってきました。序盤は新規事業をスタートさせたり、思いもしなかった仕事の拡大があったりする展開期となります。ハードワークが続きますが、気力も充実し、体調もよさそう。前半にくる話には良いものが多いので、積極的に取り組んで吉です。

---

53 感情豊かな黒ひょう

感情に左右されやすいあなたですが、2021 年は絶不調だったトンネルを抜けて気分も爽快。悩ましかった周囲の人間関係も落ち着き、しばらくは穏やかな気持ちで過ごせるでしょう。ビジネスもプライベートも好調なこの序盤の時期を充実させて、この先の 10 年への弾みをつけましょう。自分の心に正直に生きて OK。

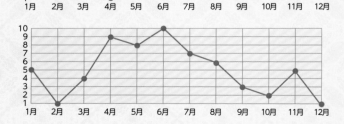

灯火 の今後10年の運気リズム

- ④ フットワークの軽い子守熊（コアラ）
- ⑭ 協調性のないひつじ
- ㉔ クリエイティブな狼
- ㉞ 気分屋の猿
- ㊹ 情熱的な黒ひょう
- �554 楽天的な虎

基本性格

ゆらゆらと揺れるキャンドルのように、ロマンチックなムードあふれる人。感受性豊かでセンスも抜群なので、アートな感性を存分に生かして。

各年のエネルギーの動き

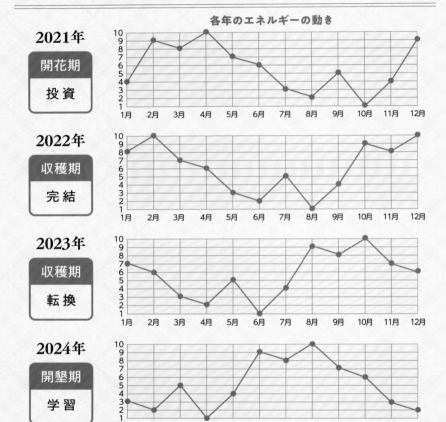

2021年
開花期
投 資

2022年
収穫期
完 結

2023年
収穫期
転 換

2024年
開墾期
学 習

2025年
開墾期
整 理

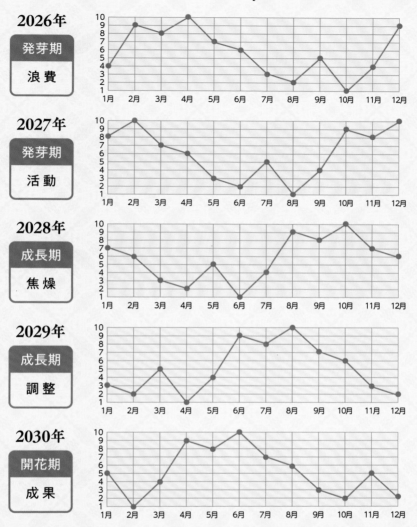

2026年
発芽期
浪 費

2027年
発芽期
活 動

2028年
成長期
焦 燥

2029年
成長期
調 整

2030年
開花期
成 果

POINT

今後10年は、絶頂期真っただ中でのスタート。これまでの妄想が現実
となり、思いもかけない人との出会いがあったり、ビジネスの展望が広
がったりと忙しくなるでしょう。良きパートナーにも恵まれそうです。
自分の感性の赴くまま、気持ちに素直に生きていきましょう。

灯火の動物たちのこれからの生き方

センス抜群の灯火の人たちは、自分の感性や感覚を信じて生きることで人生の充実度がアップ。やや神経質なところもあるので、寛大さを大切に。

④ フットワークの軽い子守熊(コアラ)

いつも寝ている印象のある野生の子守熊(コアラ)とは対照的に、好調期であるスタートの数年間は覚醒し、足どり軽く動き回ることになりそう。睡眠不足が懸念されますので、意識的に健康管理を。ハードワークの後は温泉などで疲れを癒すなど、リフレッシュの時間をとりましょう。空想の世界で遊ぶのも憩いの時間になります。

⑭ 協調性のないひつじ

反骨心が強く、他のひつじと比べるとやや協調性に欠けるところがありますが、序盤は人間関係もすこぶる良好。ストレスを感じず、自然に周囲と調和しながら付き合っていけるでしょう。寂しがり屋でありながら孤独を愛する人なので、その時々の自分の気持ちに正直に過ごすようにすれば、心に負担を感じずに済みそうです。

㉔ クリエイティブな狼

序盤はクリエイティブな発想が冴えまくる、期待の時期。人の目は気にせず、あなたのユニークな創造力を存分に活かすのが、新時代の波に乗るコツ。特にアートの世界でその才能が開花する可能性がありますが、自分が「これだ」と思う分野があれば、その道を突き進んでください。人からは変態と思われるくらいの独創性でOK！

34 気分屋の猿

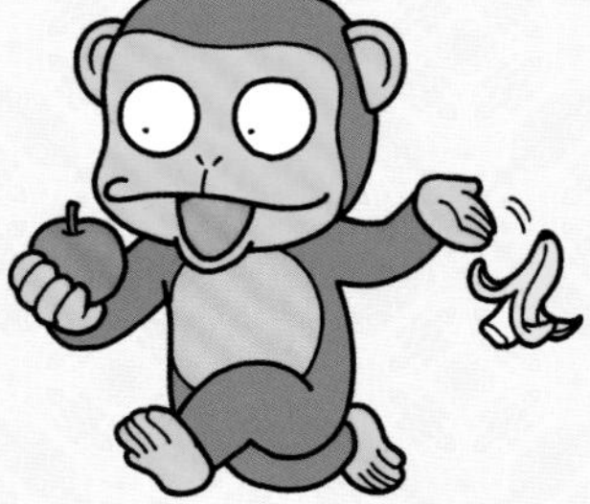

繊細で奥ゆかしく、他人を押しのけてまで前に出ようとはしない人。またイラストからもわかるように、一般的に猿の好物とされるバナナではなくリンゴを選ぶなど少数派なところもあり、競争意識も他の猿ほど強くありません。その個性に自信を持ち、誰かと比べることなく磨き上げていきましょう。大輪の花が開きます。

44 情熱的な黒ひょう

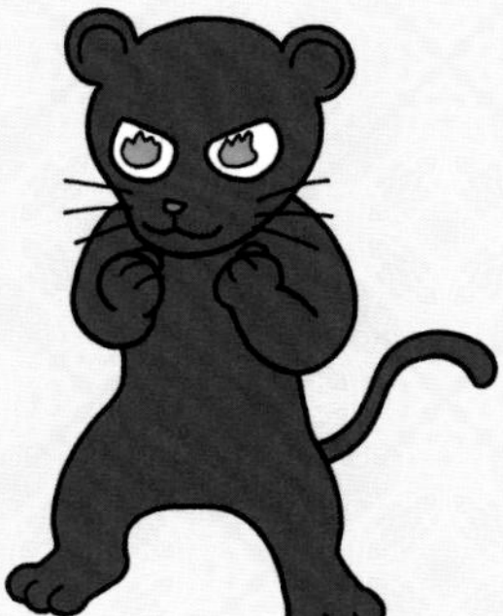

情熱家で、仕事も恋も熱中するタイプ。自分が興味を持った分野に関しては、目をギラギラとさせながら闘志を燃やし、強く執着します。その一方、興味のないことに関してはとことん無関心。あまりにも極端にならないように気をつけつつ、自分が決めた分野にひたむきに情熱を注ぐようにすれば、困難をものともせず、粘り勝ちできそう。

54 楽天的な虎

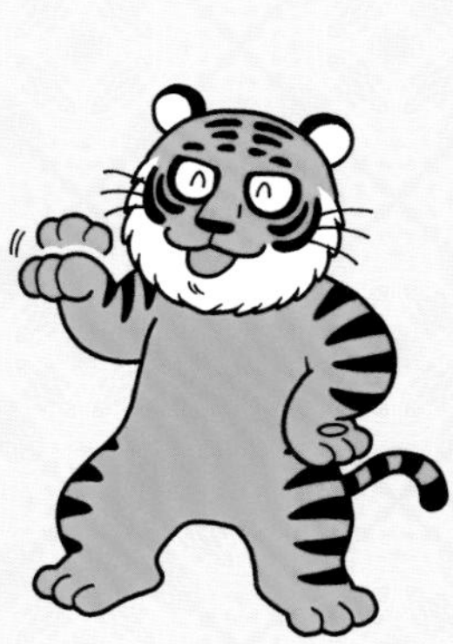

「キャンドルの火が消えたらまたつけよう」と思うように、「失敗しても取り返そう」と考えられるポジティブさが武器。細かなことに神経を遣う一面もありますが、最終的には「なるようになる」と楽観できる人なので、その軽やかさでハードルも軽々と飛び越えていきましょう。アイディアがあふれるあまり、散漫にならないように注意。

山岳の今後10年の運気リズム

5 面倒見のいい黒ひょう　15 どっしりとした猿　25 穏やかな狼
35 頼られると嬉しいひつじ　45 サービス精神旺盛な子守熊(コアラ)　55 パワフルな虎

基本性格

大きく構える山岳のごとく崇高な人。愛情深く、奉仕の精神も旺盛です。山岳部員のように仲間と力を合わせながら一歩一歩を踏みしめ、山頂を目指します。

各年のエネルギーの動き

2021年

成長期

焦燥

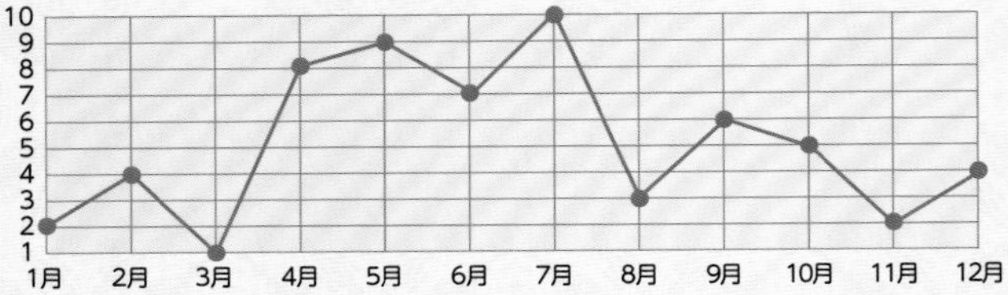

2022年

開花期

投資

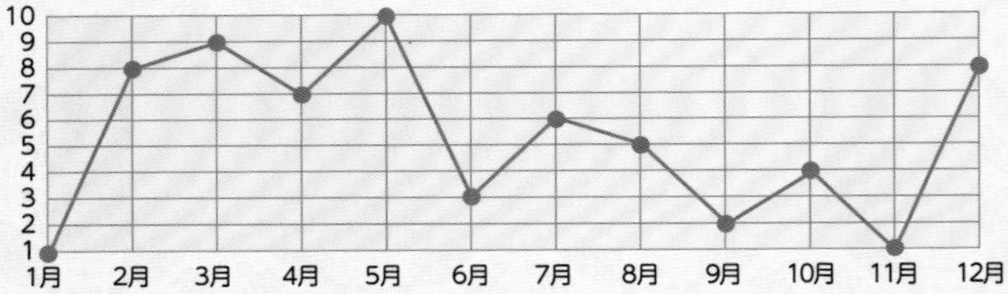

2023年

開花期

成果

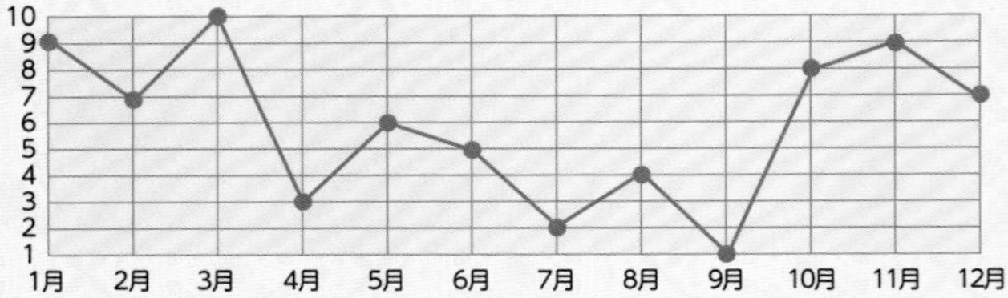

2024年

収穫期

転換

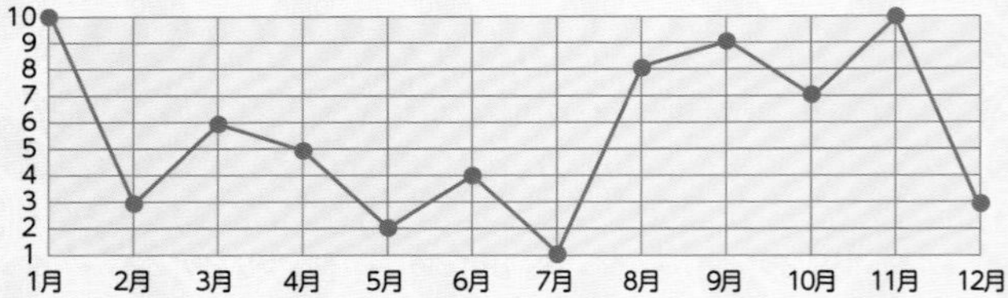

2025年

収穫期

完結

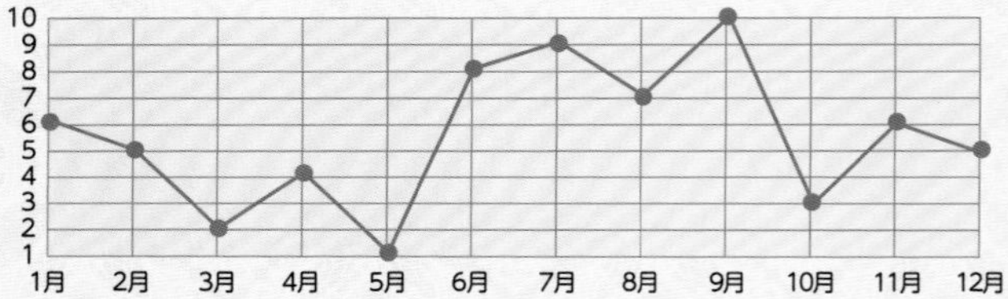

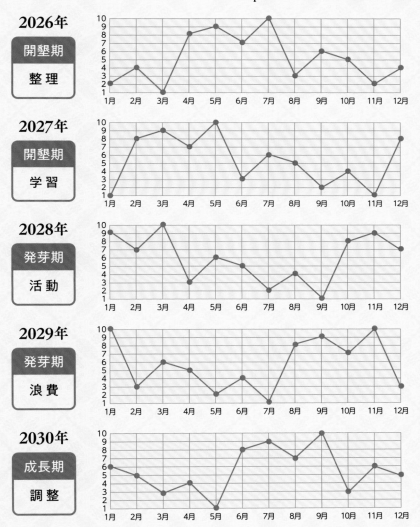

2026年 開墾期 整理
2027年 開墾期 学習
2028年 発芽期 活動
2029年 発芽期 浪費
2030年 成長期 調整

POINT

最後の踏ん張りどころである2021年を乗り越えれば、2022年にはこれまでの努力がようやく実を結び、ついに山頂を制するでしょう。そこから見る景色は何物にも代え難いはずです。その美しい光景を目に焼き付けたら、その後は謙虚な気持ちでリスタートを！

山岳の動物たちのこれからの生き方

「動かざること山のごとし」という慣用句が表す通り、物事に動じない山岳の人たち。高い目標意識を持ち、ぶれずに一歩一歩前へ進んでいきましょう。

⑤ 面倒見のいい黒ひょう

困っている人を見過ごせない、人情味あふれる人。2021 年は低調期ですが、2022 年には一気に運気が上昇して生活が一変。すべてが順調に進み、無双状態になれそう。ここでおごることなく、持ち前の奉仕の精神を大切にして社会貢献を心がけることで、周囲の人にバックアップしてもらえるでしょう。

⑮ どっしりとした猿

ちょっぴり気の小さい猿の中では珍しく物事に動じない、落ち着きのあるタイプ。これまで果敢に困難に挑んできましたが、好調期に移行する 2022 年はついにビッグチャンス到来。臆病風を吹かせず、何事も積極的に行動して人生をエンジョイしてください。よきライバルの出現もあり、大きな成長が期待できる 10 年の幕開けとなります。

㉕ 穏やかな狼

自分にも他人にも厳しいところがある孤高の人ですが、ここからの 10 年は穏やかな気持ちで過ごせそう。特に前半は人間的にも一皮むけて、思い描いていた理想の人生を歩むことができそうです。大きな成果を手にすることになるので、時には自分にご褒美を与えることも忘れずに。心を平穏に保つことが、運気アップの秘訣です。

㉟ 頼られると嬉しいひつじ

2022年からしばらく好調な時期が続きます。心に余裕ができ、誰に対しても優しくなれそう。過去、大変なときに助けてくれた友人に、今度はあなたが恩返しをする番です。もともと義理人情に厚いあなたですが、「世のため、人のため」を合言葉に、さらに深い気持ちで社会に貢献を。それが結果的に自分の倖せにつながります。

㊺ サービス精神旺盛な子守熊（コアラ）

これまで果たせなかった夢の実現に向け、行動を起こすときがきました。過去の苦労が実り、2022年には晴れやかな気持ちに包まれそうな予感。精神的なストレスからも解放されます。人の役に立つことに喜びを感じる人なので、もともと信頼度は抜群。自分も人も大切にしながら、着実に階段を上って成果を手にしてください。

(55) パワフルな虎

活火山のようにいつも活発に行動している、上昇志向が強い人。惜しみなく努力してきた甲斐があり、2022年は結実の時となりそうです。基本的には平和主義者なので、人と争うことは好みませんが、今後10年間はさらに人間関係が良好になりそう。ストレスを感じることも格段に少なくなりそうなので、自己実現に向けてさらに飛躍を！

大地 の今後10年の運気リズム

- 6 愛情あふれる虎
- 16 コアラのなかの子守熊
- 26 粘り強いひつじ
- 36 好感のもたれる狼
- 46 守りの猿
- 56 気どらない黒ひょう

基本性格

広い大地のように大らかで気さく。地に足のついた堅実な生き方が身上の庶民派です。地道に努力し、夢の実現にぐんぐん近づいていく10年になりそう。

各年のエネルギーの動き

2021年

成長期 / 調整

2022年

開花期 / 成果

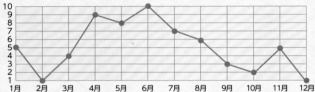

2023年

開花期 / 投資

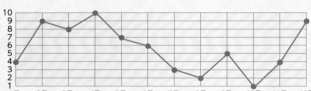

2024年

収穫期 / 完結

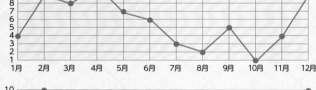

2025年

収穫期 / 転換

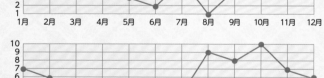

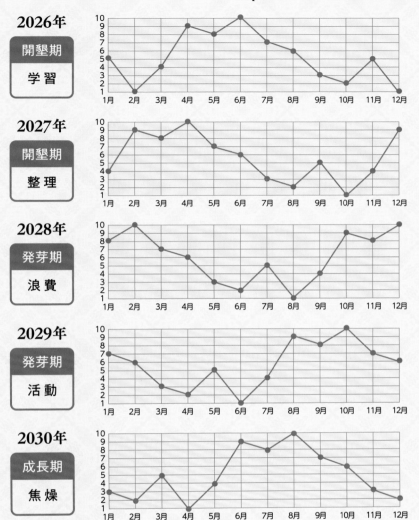

2026年
開墾期
学　習

2027年
開墾期
整　理

2028年
発芽期
浪　費

2029年
発芽期
活　動

2030年
成長期
焦　燥

— ❧ POINT ❧ —

困難を乗り越えて、充実した日々が訪れそうな2022年。思いがけない
チャンスが転がり込んできたり、実力以上の成果を手にしたりすること
ができそう。ここで慢心せず、あらゆることに感謝したり、貯蓄を心が
けて将来に備えたりすることで、その後もぐっと過ごしやすくなります。

大地の動物たちのこれからの生き方

コツコツ努力し、その日その日を一生懸命生きる大地の人たち。派手さはないタイプですが、自分の堅実な生き方に誇りを持ち、夢を掴みにいきましょう。

⑥ 愛情あふれる虎

温厚で愛情深い人なので、もともと良好な人間関係を築けるタイプですが、序盤はその良さがさらに発揮され、周りの人と調和を図れそう。相手の地位などで対応を変えることのない、その誠実で平等な態度が、さらに運気上昇をバックアップしてくれるでしょう。夢の実現に向けて弾みをつけたいのは 2022 年です。

⑯ コアラのなかの子守熊

コアラはユーカリが大好物ですが、実は全 700 種の中の 120 種しか食べない偏食家。最もコアラらしいこのタイプの人も、同様に自分のこだわりを大切にします。新時代はそんな自分らしさにさらに誇りを持ってください。慌てず急がず、スローでも自分のペースで着実に進むことで、夢を実現させられる 10 年になるでしょう。

㉖ 粘り強いひつじ

納豆をこねているイラストからもわかる通り、庶民的な印象の強い人。これまでは派手さを好まない地道な生き方に自信を失うこともあったかもしれませんが、2022 年には最良の時を迎えられそう。再び開墾期が巡ってきたあとも、持ち前のガッツで輝いていけるでしょう。人の気持ちを察するのが得意なところも大いに活かして。

36 好感のもたれる狼

ニヒルなイメージで、かつ自分のペースを大切にする人ですが、周囲への気配りは抜群。今後も自分の気持ちに軸を置きながら、人に「媚びる」のではなく、あくまで「大切にする」という意識で人間関係を築きましょう。その意識が自分の理想の人生を歩むことにつながります。また、損得勘定だけで物事を判断しないように注意。

46 守りの猿

抜群の自己防衛感覚を持っている人。この10年の序盤は好調期となるうえ、全体を通して金運にも恵まれそうですが、堅実な姿勢は崩さず手堅く前進していけそう。一攫千金を夢見るのではなく、きちんと地道に進むこの姿勢で安定した人生を送れそうです。圧倒的に守りに強いタイプですが、時には攻める姿勢も大事にするのが◎。

56 気どらない黒ひょう

家庭的な温かみを持っていて、人を押しのけてまで成功したいとは思わないような奥ゆかしさが魅力の人。2022年の好調な運気を皮切りに、穏やかで落ち着いた、安定の10年間を過ごせそうです。たゆまぬ努力で確実に前へ進み、ビジネスなどでの成功を収めるでしょう。誰にでも気さくに接することで築く和やかな人間関係は宝物に。

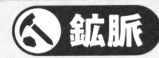

鉱脈 の今後10年の運気リズム

⑦全力疾走するチータ　⑰強い意志をもったこじか　㉗波乱に満ちたペガサス
㊲まっしぐらに突き進むゾウ　㊼人間味あふれるたぬき　(57)感情的なライオン

基本性格

一心不乱に金脈を掘り起こそうと奮起する山師のような、圧倒的なバイタリティを持つ人。自分の成功を信じて疑わない姿勢で夢を現実にする強者です。

各年のエネルギーの動き

2021年

発芽期

浪費

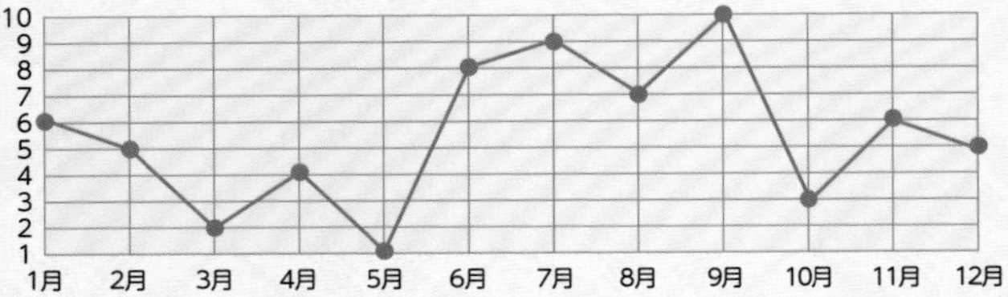

2022年

成長期

調整

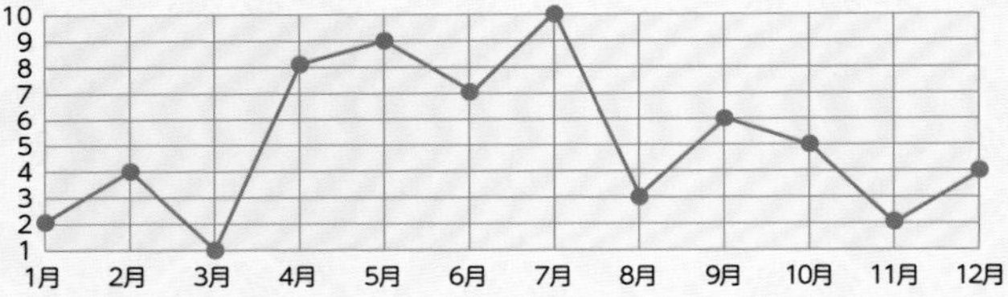

2023年

成長期

焦燥

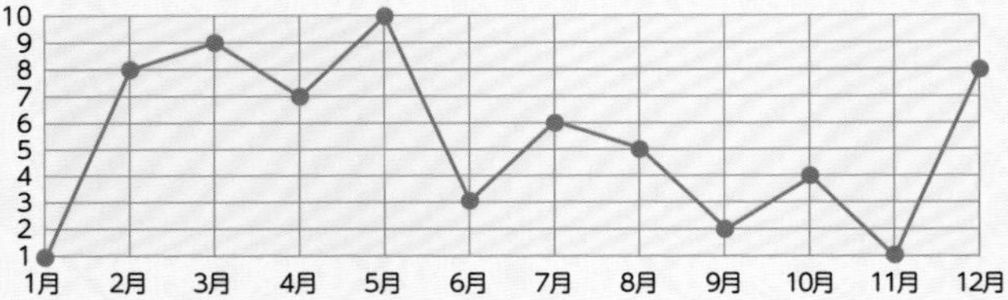

2024年

開花期

投資

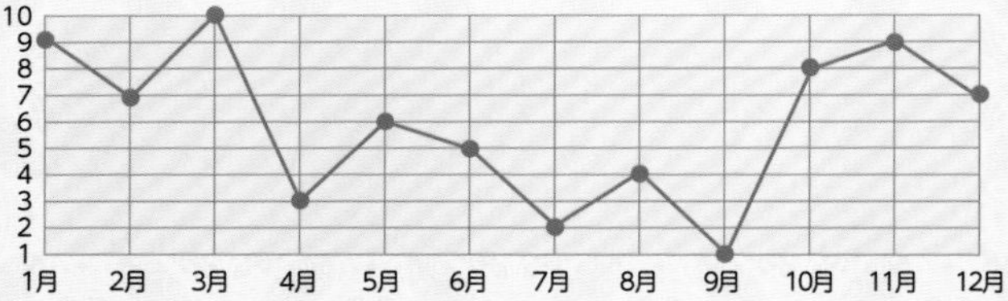

2025年

開花期

成果

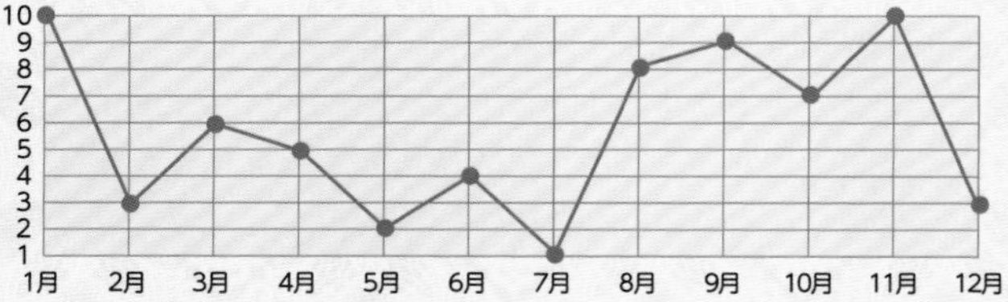

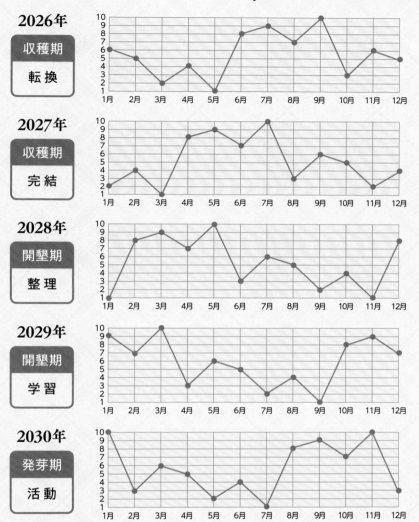

2026年
収穫期
転換

2027年
収穫期
完結

2028年
開墾期
整理

2029年
開墾期
学習

2030年
発芽期
活動

POINT

宝物の獲得を目指し、金脈を掘っている最中の2022年はまだ試練のときですが、その苦労はあとで必ず報われるので安心を。序盤に流す汗はすべて成功への布石ですので楽しみに待ちましょう。辛い時期を乗り越え、中盤で夢を掴んだときの喜びは格別なはずです。

鉱脈の動物たちのこれからの生き方

直情型で激しい気性をもった鉱脈の人たちですが、実は竹を割ったようにサッパリとした性格。ブレない信念と逆境への強さを活かして高みを目指して。

⑦ 全力疾走するチータ

何事も全力で取り組むチータは、どんな困難にも果敢に挑戦していく勇者。この10年の始まりは試練の時となりそうですが、高いハードルを乗り越える喜び、イバラの道を制覇する快感を知っているので、ピンチをチャンスに変えて進んでいけるでしょう。その不屈の精神で、後半は大きな成功を手にすることができます。

⑰ 強い意志をもったこじか

自分の信念は曲げない人ですが、気分に左右されることが多く、また、友達の影響をモロに受けてしまうことも多いので、ブレない自分軸を育んでいきましょう。この10年は、課題が現れそうな前半戦をどう乗り越えるかがキーポイント。中盤からは運気が好転し、一気に道が開けるので、それまでに自分を磨いて準備を！

㉗ 波乱に満ちたペガサス

ドラマチックに人生を駆け抜けていく人なので、前半で壁を感じることが多かったとしても、それすら味方につけ、ジェットコースターのような人生をエンジョイしていくでしょう。不利な環境をも利用する自分の特性に誇りを持ち、「受けて立つ」の精神で大きく羽ばたく10年間になりそうです。

37 まっしぐらに突き進むゾウ

走り出したら途中で止まることができない人。地道な努力よりも、勢いと行動力が光る人です。邪魔なものを蹴散らして脇目も振らず突き進むその姿勢は、新時代、あなたを幸運へと導くパスポートに。10 年のスタートはやや厳しい時期になるかもしれませんが、根性で乗り切れば、中盤以降、輝かしい成功を手にするでしょう。

47 人間味あふれるたぬき

序盤はエンジンがかかりにくそうですが、徐々に盛り返し、好転していきそうな 10 年間。調子がいまいち出なくても腐らず、自分が開花する時のために力を蓄えておきましょう。我慢強いので、思っていることを表に出さず、人知れずストレスを溜めてしまう場面もありそう。時には嫌われる勇気を持ち、しっかり自己主張してのびのびと。

57 感情的なライオン

2024 年頃までは思い通りに事が運ばず、もどかしい思いをする場面もありそうですが、運気は右肩上がりに上昇。苦労した分の結果はあとから必ずついてきます。涙もろく、感動しいなところに蓋をせず、情緒豊かに生きていきましょう。スピーディな処理能力と行動力も、新時代を軽やかに生き抜く大きな武器になること必至。

宝石 の今後10年の運気リズム

8 磨き上げられたたぬき	18 デリケートなゾウ	28 優雅なペガサス
38 華やかなこじか	48 品格のあるチータ	58 傷つきやすいライオン

基本性格

キラキラと輝く宝石のように、スポットライトを浴びると実力以上のパワーを発揮する人。実は自尊心は高く、傷つきやすいハートの持ち主なので、おおらかに。

各年のエネルギーの動き

2021年

発芽期
活 動

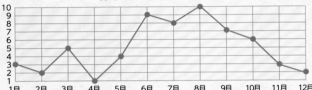

2022年

成長期
焦 燥

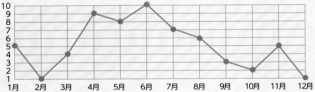

2023年

成長期
調 整

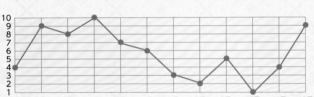

2024年

開花期
成 果

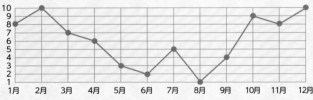

2025年

開花期
投 資

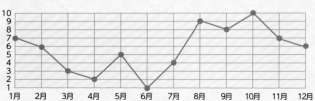

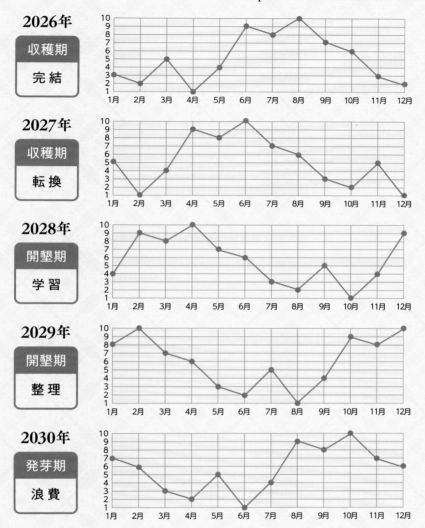

2026年

収穫期

完結

2027年

収穫期

転換

2028年

開墾期

学習

2029年

開墾期

整理

2030年

発芽期

浪費

━━━ ❧ POINT ❧ ━━━

この10年のスタートは、やや空回りも目立つ時期になりそう。人間関係に煩わされることもありそうですが、2023年以降は一転、何事も順調に推移していきます。まばゆい輝きを放てるときは必ずきますので、それまで焦らず、周囲に惑わされず、自分のペースで自然体で過ごして。

宝石の動物たちのこれからの生き方

宝石グループの人たちは、責任感が強く真面目なだけに少し堅苦しい雰囲気も。もう少し肩の力を抜いてフランクに人付き合いできると、さらに人生が輝きそう。

⑧ 磨き上げられたたぬき

人を包み込むオーラが魅力の人。この10年のうち、序盤はやや辛い時期も経験するかもしれませんが、プライドを持ち、理想を描きながら自己研磨していくことで、原石が磨かれて宝石になるように、やがてみんなから尊敬される人格者となるでしょう。人と接することで人間性が高まっていくので、さまざまな人と積極的に交流を。

⑱ デリケートなゾウ

温和ですが、デリケートなハートの持ち主。この10年は望む通りの道を歩んでいくことができそう。2022年はややシビアな状況になるかもしれませんが、自分の課題を見つめ、それを克服することで2023年からの世界が大きく広がります。ルールを無視する人には厳しく接するようなところがあるので、寛容さを持って。

㉘ 優雅なペガサス

大空を羽ばたくペガサスのようにエレガントで、独特のオーラに包まれている人。普段から人に注目されがちで気が休まるときがない人ですが、2022年は特にストレスが溜まってしまいそう。ただ2023年から徐々に運気が上昇するので安心を。人間関係を大切にして思いやりを持つことが、この10年を通じてあなたを開運に導く鍵。

㊳ 華やかなこじか

どこにいても注目される華やかな存在ですが、内面は真面目で几帳面。自分に厳しくするとストレスを生みやすくなってしまうので、少し肩の力を抜くようにしましょう。ここ数年は疲れやすく気力も萎えかけていたかもしれませんが、2022年が最後の試練のとき。この局面さえ乗り越えられれば、のびやかに生きていけるでしょう。

㊸ 品格のあるチータ

凛とした姿が美しく、周囲から一目置かれる人。チータらしいチャレンジ精神の持ち主ですが、どこか生真面目なところがあり無謀なことにはひるむ場面も。序盤の山場を超え、大きく成長できる10年となりますので、持ち前のプラス思考を武器に自分を信じて、成功するまで諦めないこと。あまり自分を追い込まず、時には気楽に。

㊺ 傷つきやすいライオン

百獣の王であるがゆえに社会的評価が気になり、誰かからの心無い一言に落ち込むこともあるナイーブな人。新時代はプライドの高さは少し脇に置き、信頼できる人に弱音を吐く習慣を持ちましょう。序盤は踏ん張り時ですが、中盤からの運気はとても良いので、そこに照準を合わせて行動を。自分にとっての王道を進んで。

海洋 の今後10年の運気リズム

9 大きな志をもった猿　　19 放浪の狼　　29 チャレンジ精神の旺盛なひつじ
39 夢とロマンの子守熊（コアラ）　49 ゆったりとした悠然の虎　59 束縛を嫌う黒ひょう

基本性格

すべてを抱く大海原のような雄大さが魅力の人。ユニークで自由な発想、そして
壮大な夢とロマンの持ち主です。物事には動じませんが、束縛は嫌い。

各年のエネルギーの動き

2021年

開墾期

学習

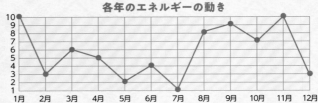

2022年

発芽期

活動

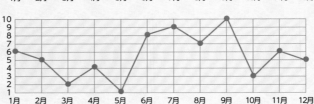

2023年

発芽期

浪費

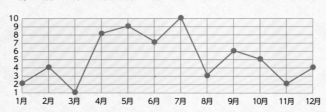

2024年

成長期

調整

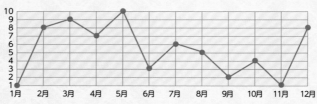

2025年

成長期

焦燥

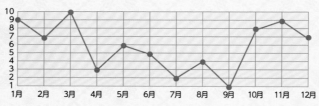

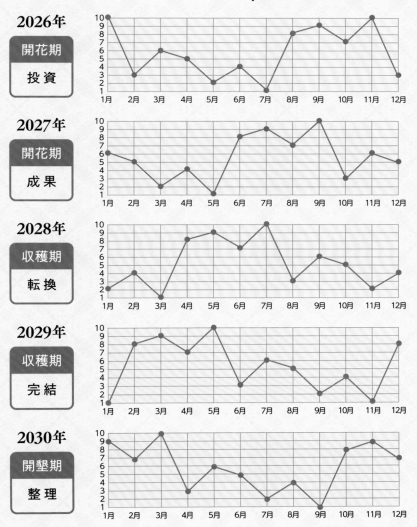

2026年
開花期
投資

2027年
開花期
成果

2028年
収穫期
転換

2029年
収穫期
完結

2030年
開墾期
整理

❧ POINT ❧

スタートの数年はなかなか自分の思うように行動できず、閉塞感を抱くかもしれませんが、それはあなたが試されている証。海のように大きな心で明るい未来を信じましょう。焦りは禁物です。2026年以降はまるで大海を泳ぐクジラのように、のびのびと生活することができるでしょう。

海洋の動物たちのこれからの生き方

動物や植物をこよなく愛する海洋の人たちの究極の理想は、大自然の中で生きること。それが難しくても世間体や常識から自分を解放し、のびのびと過ごして。

⑨ 大きな志をもった猿

自分が行くべき進路を大きく指差し、そこに向かってまっしぐらに進んでいくイケイケの人。ニューノーマルな時代も自分の可能性をひたすら信じ、野望に向かって爆進していきましょう。小さなことにはこだわらなくて OK。組織の中で生きていくことに限界を感じたら、もっと大きな世界で自分の実力を試してみても◎。独立自営も視野に入れて。

⑲ 放浪の狼

「普通」「常識」「同調」といった言葉が大嫌いな孤高の人。反体制的でユニークな性格から、今後、日本の枠を飛び出したいという気持ちが高まるかもしれません。もともと海と縁が深い人なので、この先の 10 年の間に、海外で生活する可能性も出てくるかも。「自分の人生は自分で決める」をモットーに生きていってください。

㉙ チャレンジ精神の旺盛なひつじ

一般的なひつじのイメージとはかけ離れた、冒険心旺盛な人。ザイルとピッケルを手に、自ら人生の道を切り開いていくような勇ましさが魅力です。10 年のスタートはなかなかエンジンがかからないかもしれませんが、そのチャレンジ精神を失わず、未来に輝く自分像を見つめましょう。不屈の精神で、後半には目指す世界を手に入れられます。

㉟ 夢とロマンの子守熊（コアラ）

空想の中で自由に生きる、夢見る人。「この水平線の向こうには何があるんだろう」という未知なるものへの興味と関心は新時代も大切に。また、ぼーっとする時間も必須。それによって心を常に潤わせることができるでしょう。こうして意識的に自分で自分を倖せにしてあげているうち、いつの間にかトンネルを抜けているはず。

㊾ ゆったりとした悠然の虎

すべてのキャラの中で、唯一ソファーに座っていることからもわかるように、微動だにしない自分の世界観をしっかり持っている人。他人の評価など気にせず信じる道を歩む姿勢は、今後もあなたを強力に後押しするでしょう。制約の多い日本に馴染めなければ海外生活を視野に入れても。根気強く、自分の理想とする世界を実現させて。

㊿ 束縛を嫌う黒ひょう

他人を束縛するのは好きですが、自分は誰からも束縛されたくないと思っている人。一見わがままですが、自分の気持ちに正直なそのあり方は、倖せに生きるためのチケットとなります。誰にもせきとめることのできない海のように、これからは一層、自由に自分の世界を思い描き、のびのびと生きていきましょう。人に対する思いやりだけは忘れずに。

 **の今後10年の運気リズム**

(10) 母性豊かな子守熊（コアラ）　(20) 物静かなひつじ　(30) 順応性のある狼

(40) 尽くす猿　(50) 落ち込みの激しい黒ひょう　(60) 慈悲深い虎

基本性格

動植物にとって無くてはならない恵みの雨のように崇高で、母性や慈悲に満ちあふれた人。川面のように澄みわたり、形を自由に変えられる柔軟性を持ちます。

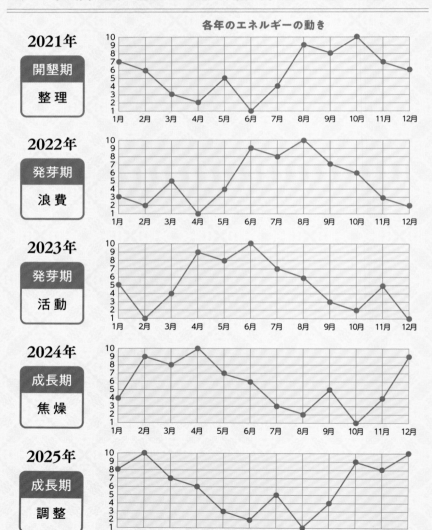

各年のエネルギーの動き

2021年

開墾期

整 理

2022年

発芽期

浪 費

2023年

発芽期

活 動

2024年

成長期

焦 燥

2025年

成長期

調 整

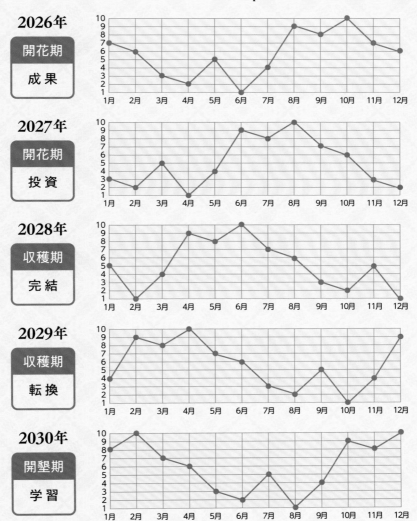

2026年

開花期

成果

2027年

開花期

投資

2028年

収穫期

完結

2029年

収穫期

転換

2030年

開墾期

学習

これまで好調期が続き、恵まれた環境の中で生活していましたが、これからの数年は強風波浪注意報が発令されてしまいそう。ただ、回復しない天気はありませんので安心を。2024年までは無理をせず、後半戦の好調期に備えてエネルギーをしっかり蓄えておきましょう。

雨露の動物たちのこれからの生き方

優雅で慈愛に満ち、高い美意識を持ちます。人に何かを伝えていくという使命を持っているので、秀でたコミュニケーション能力を武器に世の中に愛を注いで。

⑩ 母性豊かな子守熊（コアラ）

赤ちゃんを背中に背負っているイラストの通り、とても母性愛の強い人。周りの人に深い愛情を注ぐことで、幸福が循環するでしょう。今後10年は勤勉さと知的好奇心の強さが生かされ、興味をもった分野で才能を発揮できます。雨露が少しずつ溜まり、いつしか大海に流れ込むように、小さな努力がやがて必ず実を結ぶでしょう。

⑳ 物静かなひつじ

静かに水を蓄えて恵みをもたらす湖のように、ひっそりと穏やかな性格。この10年の序盤は少し風が強くなり、その湖面が波立つ気配もありますが、徐々に落ち着いてくるので心配いりません。2025年からは風もやみ、本来の平穏な日々が訪れるでしょう。親しい人には饒舌（じょうぜつ）なタイプなので、楽しいおしゃべりで気分転換する時間を大切に。

㉚ 順応性のある狼

虎のような縞模様を持っているこの狼は、どちらの特徴も持っていて、孤独を愛するとともに、相手の一言にカチンとくるところも。2024年頃は人間関係のトラブルに注意。合わない人とはそっと距離を置くなど、自分の本心を見つめながら平和的解決を目指しましょう。最初を乗り越えれば穏やかな生活が待っています。

㊵ 尽くす猿

周囲の人に惜しみなく愛情を注ぐので、新時代も変わらずみんなの人気者でい続けるでしょう。好奇心も旺盛なので、興味を持った分野を極め、資格をとるなどすると自信につながります。その知識を人に伝えることが仕事になるなど、将来的に役立ちそう。自在に姿を変える水のようにフレキシブルな姿勢で、しなやかに生きていけます。

㊿ 落ち込みの激しい黒ひょう

これだけ聞くと心配になる名称ですが、英語では「センチメンタル・ブラックパンサー」。情緒豊かで涙もろいところも大きな特徴です。今後も感情をのびやかに解放させることで心と運が活性化します。落ち込んだときに自分の気持ちを立て直す「トリセツ」を知っておくとGOOD。未来は明るいので期待して。

(60) 慈悲深い虎

強いイメージがある虎の中で、慈愛に満ちたこの虎は異色の存在。献身的に人と付き合うので、特に人々が不安を覚える時代、信頼感は抜群です。今後10年、さらにその人間性に磨きがかかることでしょう。誰にでも公平に接するバランス感覚を磨けば、教えを提供する人として大成する可能性も大いにあります。

Column 4

あなたが咲くのはいつ？
3つの生涯リズム

　Chapter3 で 10 年間の運気リズムを解説しましたが、10 年単位で動く、トータル 100 年間の大まかな「生涯リズム」も存在します。大きくは、人生の前半が好調な「神童型」と、人生の中盤が好調な「潜龍型」、そして人生の後半が好調な「大器型」の 3 つに分類することができます。

　スポーツ選手などは、神童型でないと実力発揮できませんし、サラリーマンは潜龍型が出世街道をひた走るでしょう。晩年の運が良いのは大器型です。受験や起業にも、この生涯リズムが大いに影響します。我々がカウンセリングするときも、この生涯リズムで診断することがほとんどです。経営するにも、営業するにも、この生涯リズムをうまく味方につければ、夢を実現することができます。これらを活用しているトップセールスマンもたくさんいます。

　さあ、みなさんだったら、どの生涯リズムがいいですか？

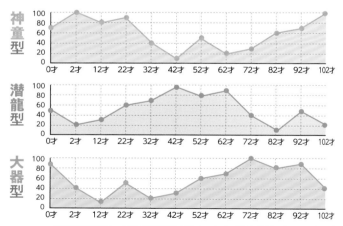

＊興味のある方は、個性心理學研究所のホームページから生涯リズムのレポートを入手することが可能です。（https://www.noa-group.co.jp/）

12キャラのパワーバランス早見表

自分と相手との間には見えないパワーバランスが存在しています。各キャラにとって苦戦する、あるいは楽勝な相手を見てみよう。

※例えば狼の場合、ゾウや子守熊に対しては優位に立ちやすい反面、黒ひょうやこじかのペースに飲まれやすいことがわかります。

狼

楽勝キャラ			楽勝っぽいキャラ		
ゾウ	子守熊	ライオン	虎	ペガサス	狼
黒ひょう	こじか	たぬき	ひつじ	猿	チータ
苦戦キャラ			苦戦っぽいキャラ		

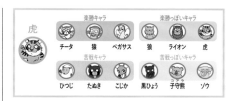

虎

楽勝キャラ			楽勝っぽいキャラ		
チータ	猿	ペガサス	狼	ライオン	虎
ひつじ	たぬき	こじか	黒ひょう	子守熊	ゾウ
苦戦キャラ			苦戦っぽいキャラ		

こじか

楽勝キャラ			楽勝っぽいキャラ		
子守熊	ひつじ	虎	たぬき	狼	こじか
チータ	ペガサス	ライオン	ゾウ	黒ひょう	猿
苦戦キャラ			苦戦っぽいキャラ		

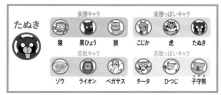

たぬき

楽勝キャラ			楽勝っぽいキャラ		
猿	黒ひょう	狼	こじか	虎	たぬき
ゾウ	ライオン	ペガサス	チータ	ひつじ	子守熊
苦戦キャラ			苦戦っぽいキャラ		

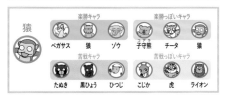

猿

楽勝キャラ			楽勝っぽいキャラ		
ペガサス	狼	ゾウ	子守熊	チータ	猿
たぬき	黒ひょう	ひつじ	こじか	虎	ライオン
苦戦キャラ			苦戦っぽいキャラ		

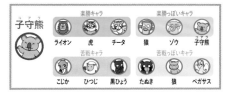

子守熊

楽勝キャラ			楽勝っぽいキャラ		
ライオン	虎	チータ	猿	ゾウ	子守熊
こじか	ひつじ	黒ひょう	たぬき	狼	ペガサス
苦戦キャラ			苦戦っぽいキャラ		

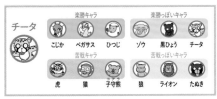

チータ

楽勝キャラ			楽勝っぽいキャラ		
こじか	ペガサス	ひつじ	ゾウ	黒ひょう	チータ
虎	猿	子守熊	狼	ライオン	たぬき
苦戦キャラ			苦戦っぽいキャラ		

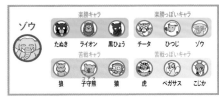

ゾウ

楽勝キャラ			楽勝っぽいキャラ		
たぬき	ライオン	黒ひょう	チータ	ひつじ	ゾウ
狼	子守熊	猿	虎	ペガサス	こじか
苦戦キャラ			苦戦っぽいキャラ		

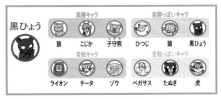

黒ひょう

楽勝キャラ			楽勝っぽいキャラ		
狼	こじか	子守熊	ひつじ	猿	黒ひょう
ライオン	チータ	ゾウ	ペガサス	たぬき	虎
苦戦キャラ			苦戦っぽいキャラ		

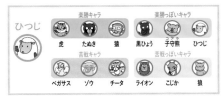

ひつじ

楽勝キャラ			楽勝っぽいキャラ		
虎	たぬき	猿	黒ひょう	子守熊	ひつじ
ペガサス	ゾウ	チータ	ライオン	こじか	狼
苦戦キャラ			苦戦っぽいキャラ		

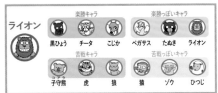

ライオン

楽勝キャラ			楽勝っぽいキャラ		
黒ひょう	チータ	こじか	ペガサス	たぬき	ライオン
子守熊	虎	狼	猿	ゾウ	ひつじ
苦戦キャラ			苦戦っぽいキャラ		

ペガサス

楽勝キャラ			楽勝っぽいキャラ		
ひつじ	ゾウ	たぬき	ライオン	こじか	ペガサス
猿	狼	虎	子守熊	チータ	黒ひょう
苦戦キャラ			苦戦っぽいキャラ		

弦本將裕（つるもと まさひろ）
⑧磨き上げられたたぬき

1957 年 4 月 29 日生まれ。A 型。学習院大学法学部卒業。一般社団法人個性心理學研究所総本部 理事長、個性心理學研究所 所長、株式会社キャラナビ・ドット・コム 代表取締役。12 動物 60 キャラクターによる個性心理學を世界で初めて発表し、注目を集める。これまでに、上場企業はじめ全国の法人・病院・歯科医院等を個性心理學理論で指導。著作は 60 冊を超え、世界 14 ヶ国・地域で翻訳・刊行、累計部数は 500 万部超。「動物キャラナビ」は芸能界にも多数のファンを持つ。また、認定講師の育成も精力的に行っている。主な著書に『60 パターンですべてがわかる動物キャラナビ』『最新改訂版「性格＆相性」まるごとわかる動物キャラナビ』(ともに日本文芸社)、『動物キャラナビ［バイブル］』『動物キャラナビ［お仕事編］』(ともに集英社)、『こどもキャラナビ』(世界文化社)、『杉の木の両親と松の木の子ども』(しちだ教育研究所) などがある。

個性心理學研究所公式サイト
http://www.noa-group.co.jp/

動物キャラナビ スマートフォンサイト
http://smart.60chara.jp/

12 動物キャライラスト 西川伸司（にしかわ しんじ）
㉑落ち着きのあるペガサス

1988 年『土偶ファミリー』でデビュー。翌年公開の映画『ゴジラ vs ビオランテ』以降、東宝製作の特撮映画におけるキャラクターデザインや絵コンテも手がけている。96-98 年、NHK の TV アニメーション「YAT 安心！宇宙旅行」に原案として参加、今に至る。

STAFF
編集協力：柏もも子（�52統率力のあるライオン）
　　　　　細谷健次朗（⑯コアラのなかの子守熊）（株式会社 G.B.）
デザイン：森田千秋（⑰強い意志をもったこじか）（Q.design）
Chapter2・3 イラスト：玉田紀子（⑮どっしりとした猿）

かくされた本質もわかる人間のトリセツ
動物キャラナビ 決定版

2021 年 10 月 20 日　第 1 刷発行
2024 年 8 月 10 日　第 9 刷発行

著者　　　弦本將裕
　　　　　つるもとまさひろ
発行者　　竹村　響
印刷所　　TOPPAN クロレ株式会社
製本所　　TOPPAN クロレ株式会社
発行所　　株式会社日本文芸社
〒 100-0003　東京都千代田区一ツ橋 1-1-1　パレスサイドビル 8F

Printed in japan
112211008-112240730 Ⓝ 09（310070）
ISBN978-4-537-21935-7
© Masahiro Tsurumoto 2021
編集担当　藤井（㉒強靭な翼をもつペガサス）

乱丁・落丁などの不良品、内容に関するお問い合わせは
小社ウェブサイトお問い合わせフォームまでお願いいたします。
ウェブサイト　https://www.nihonbungeisha.co.jp/

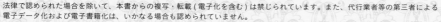